Deus sabe que temos livros sobre nós mesmas em quantidade mais do que suficiente, mas nunca teremos livros bastantes sobre o Deus que nos criou. Somente depois de vê-lo é que podemos vislumbrar algum sentido em nós mesmas. Acredito que o livro de Jen Oshman nos proporciona isso ao ampliar nossa visão, ajudando-nos a ficar apaixonadas por ver Deus novamente.

Jackie Hill Perry, poeta;
autora, *Garota gay*

Inúmeras vozes estão dizendo às mulheres: "Acredite em si mesma... alcance seu potencial... encontre seu propósito... cumpra o seu destino". Mas o livro *Que eu diminua* tem uma mensagem muito diferente; não apenas contracultural, mas que também se opõe à compreensão cristã de hoje: sua vida não é, em última instância, ou mais profundamente, sobre você, mas sim sobre aquele que a criou como dele próprio. Esse é o tipo de boa notícia de que as mulheres realmente precisam.

Nancy Guthrie, professora da Bíblia;
autora, *Ainda melhor que o Éden*

O canto da sereia do *eu* promete muito, mas fornece pouco. Enquanto o mundo nos diz para querer mais, fazer mais e ser mais, Jen Oshman tira nossos olhos de nós mesmas e nos ajuda a encontrar nossas vidas em Jesus, o doador de cada bom e perfeito dom. Escrito com entusiasmo e sabedoria, *Que eu diminua* é um incentivo para algo melhor, mais rico e verdadeiro.

Melissa B. Kruger, diretora de conteúdo feminino,
The Gospel Coalition

Por muitos anos, eu me beneficiei da escrita de Jen Oshman. Estou encantado por ela ter ampliado seu repertório para incluir este livro. Em uma era obcecada pelo *eu*, sua mensagem é deliciosamente contracultural e desesperadamente necessária.

Tim Challies, blogueiro, Challies.com;
autor, *Faça mais e melhor*

Que eu diminua é para aquelas que se sentem cansadas, esgotadas ou como se não fossem suficientes. Jen Oshman gentilmente encoraja as leitoras a desviarem o olhar de si mesmas e, ao invés disso, olharem para Jesus, lembrando-as poderosamente de que a alegria verdadeira e duradoura é encontrada apenas nele. Este livro elevará seu olhar de uma forma que mudará sua vida.

Hunter Beless, fundadora, podcast *Journeywomen*

Este livro me fisgou desde o início. Eu tomava meu café enquanto considerava as lutas comuns de desespero e desilusão que Jen Oshman descreve. Mas o verdadeiro triunfo é a forma como o livro *Que eu diminua* voltou meus olhos para aquele que define minha vida e me dá alegria. Esta é uma leitura obrigatória para qualquer mulher que está 'zerada' porque seu 'combustível próprio' acabou. Nossos corações vazios precisam encontrar total dependência em Deus.

Emily Jensen, cofundadora, *Risen Motherhood*

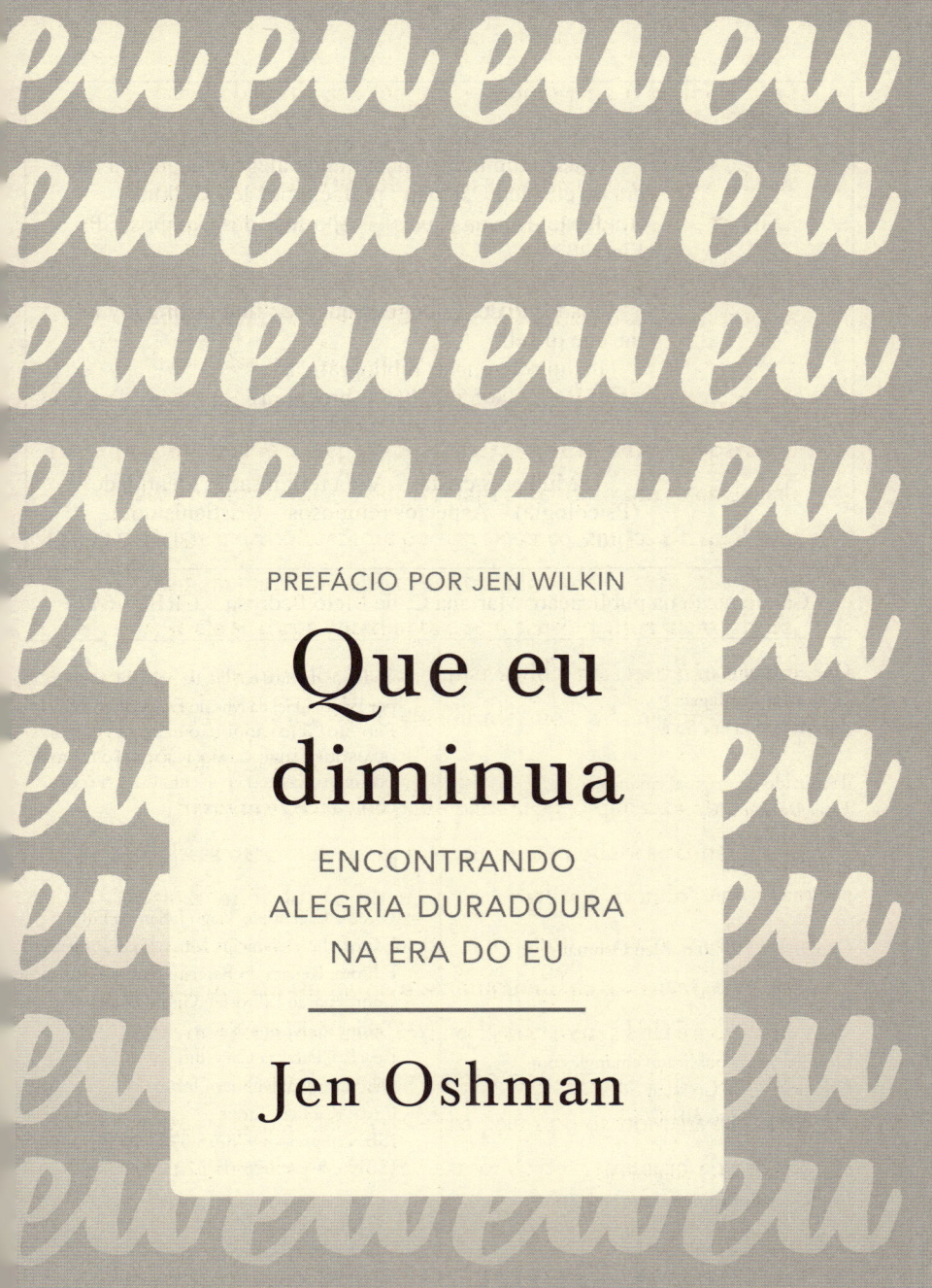

PREFÁCIO POR JEN WILKIN

Que eu diminua

ENCONTRANDO
ALEGRIA DURADOURA
NA ERA DO EU

Jen Oshman

O82q Oshman, Jen, 1978-
       Que eu diminua : encontrando alegria duradoura na era do eu / Jen Oshman ; prefácio por Jen Wilkin ; [tradução: Karina Naves]. – São José dos Campos, SP: Fiel, 2021.

       Tradução de: Enough about me : find lasting joy in the age of self.
       Inclui referências bibliográficas.
       ISBN: 9786557230688 (brochura)
              9786557230695 (epub)

       1. Mulheres cristãs – Vida religiosa. 2. Identidade (Psicologia) – Aspectos religiosos – Cristianismo. I. Título.   CDD: 248.843

Catalogação na publicação: Mariana C. de Melo Pedrosa – CRB07/6477

Que eu diminua: Encontrando alegria duradoura na era do eu

Traduzido do original em inglês
Enough about Me: Find Lasting Joy in the Age of Self
por Jen Oshman

Copyright © 2020 por Jen Oshman

∎

Originalmente publicado em inglês por Crossway, 1300 Crescent Street Wheaton, Illinois 60187

Copyright © 2019 Editora Fiel
Primeira edição em português: 2021

Todos os direitos em língua portuguesa reservados por Editora Fiel da Missão Evangélica Literária
PROIBIDA A REPRODUÇÃO DESTE LIVRO POR QUAISQUER MEIOS SEM A PERMISSÃO ESCRITA DOS EDITORES, SALVO EM BREVES CITAÇÕES, COM INDICAÇÃO DA FONTE.

∎

Diretor Executivo: Tiago J. Santos Filho
Editor-chefe: Vinicius Musselman Pimentel
Editora: Renata do Espírito Santo T. Cavalcan
Coordenação Editorial: Gisele Lemes
Tradução: Karina Naves
Revisão: Patrícia Carvalho
Diagramação: Rubner Durais
Capa: Rubner Durais
ISBN impresso: 978-65-5723-068-8
ISBN e-book: 978-65-5723-069-5

Caixa Postal 1601
CEP: 12230-971
São José dos Campos, SP
PABX: (12) 3919-9999
www.editorafiel.com.br

Para Mark.
Não importam a estação, o país
ou as circunstâncias, você sempre garantiu que eu florescesse.
Você é um grande meio da graça de Deus na minha vida.
Eu te amo.

Sumário

Prefácio por Jen Wilkin 9

Agradecimentos 13

Introdução 17

1. O canto da sereia do *eu* 23

2. O que o doador da vida pretendia 45

3. Enraizadas em Cristo 67

4. Você é o que você come 87

5. Edificadas em Cristo 107

6. Estabelecidas em Cristo 129

7. Encontrando alegria duradoura 153

Conclusão 177

Prefácio

Alguma vez você já se viu vestida inadequadamente em uma festa? Não é a melhor sensação, especialmente se essa festa for um casamento luxuoso e você for uma convidada de honra. Essa fui eu há cerca de dez anos, no casamento de um querido amigo da família. Dois dias antes do casamento, recebi a notícia de que meu tio havia falecido repentinamente. Conseguimos ajustar nossos planos para comparecermos ao funeral e ao casamento, mas um atraso no voo significou uma escolha entre estar presente na cerimônia de casamento com as roupas simples que vestíamos no funeral ou perdê-la completamente.

Decidimos ir direto para a casamento, chegando pouco antes do início da cerimônia, tomando nossos assentos à vista de toda a assembleia de convidados bem vestidos. Só de lembrar daquele momento me faz suar. Apressadamente nos trocamos e vestimos nossos trajes de casamento antes da recepção; e adivinhe? Nem uma única pessoa na recepção havia notado nossa entrada tardia ou a falta de trajes apropriados para a cerimônia. É claro que elas não notaram. Como deveria ser, a atenção de todos tinha estado totalmente fixada no esplendor dos noivos. Toda a minha ansiedade em relação à vestimenta inadequada havia sido um desperdício de energia.

É comum, na verdade epidêmico, as mulheres perderem de vista seu propósito e vocação. Em uma cultura que nos diz que somos o centro da história de todos, cada dia pode parecer mais uma oportunidade de ser a convidada visivelmente malvestida em uma festa à qual todas as outras pessoas compareçem com todo o glamour. As comparações e as expectativas nos levam ao autoexame e a nos vermos em falta. Ansiedade em relação à inadequação ao longo de dias e anos.

Mas a história cristã para a qual somos convidadas, a melhor e mais bela das histórias, não nos oferece um papel de protagonista. Não nos coloca de forma alguma no centro da história. É por isso que ela é melhor e mais bonita.

Na verdade, é a história dos que foram convidados para um casamento – uma história, de fato, daqueles que chegam atrasados de um funeral. É um casamento entre um noivo (Cristo) digno de toda a nossa atenção e uma noiva (a igreja) digna de todo o nosso esforço. É uma história que nos convida, vez após vez, a lembrarmos que não somos o centro das atenções, mas que nossas vidas podem ser alegremente consumidas preparando a noiva para o seu marido.

Essa é a história que Jen Oshman pretende contar-lhe. Embora suas expectativas sobre como a vida deve ser, sobre quem você deve ser e sobre como os outros devem enxergá-la podem girar diariamente diante de seus olhos, há uma visão mais elevada do que essas coisas e que pode lhe devolver a alegria de sua salvação. Oshman a chama para um casamento em que o traje apropriado é o esquecimento de si mesma e a liturgia canta o esplendor do Casal feliz. O que é mais gratificante do que uma vida consumida perseguindo a autorrealização? Uma vida consumida dando glória ao Deus que transcende.

Essa é a vida boa. Essa é a melhor e mais bela história.

Bem-vinda ao banquete.

Jen Wilkin

Agradecimentos

Fazer esta mensagem chegar às mãos das leitoras tem sido uma alegria e um deleite. Sou tão grata pelo fato de o Senhor ter concedido esse dom da graça a mim. Que ele seja glorificado.

Este livro não teria sido possível sem o encorajamento de autores experientes e das portas abertas a mim por aqueles que já estão no mundo da escrita. Obrigada, Melissa Kruger, por me convidar para escrever no site *The Gospel Coalition*, por sua amizade e seu exemplo na defesa da Palavra de Deus enquanto ministra a mulheres. Obrigada, Shanna Davies, por ler minhas palavras, acreditar na minha mensagem e fazer essa conexão. Obrigada, Tim Challies, por ler meu blog e compartilhá-lo com o mundo. Você promove tantos novos escritores e eu me sinto honrada por estar entre eles. Obrigada, Andrew Wolgemuth, por me ajudar a entender esse mundo da escrita, ainda um pouco estranho para mim. Obrigado por sua incansável orientação e feedback sobre cada dúvida que tive, fosse ela grande ou pequena, e por me dar confiança para avançar. E obrigada, Chrissy Wolgemuth, por ter dito *oi* há quase quatro anos e por ter-se tornado uma amiga e incentivadora para mim. Obrigada, Tara Davis, por compartilhar comigo seu dom de edição. Seu cuidadoso trabalho tornou este livro tão sólido. Obrigada, Jen Wilkin, por seu ministério de mulheres que é centrado na Palavra. Você tem sido uma mentora a distância. Obrigada por liderar bem e por sua generosidade em escrever a apresentação deste livro. Finalmente, obrigada, Dave DeWit, por correr o risco com uma autora novinha em folha. Você tem sido um pastor sábio e gentil para mim a cada passo.

Agradeço aos nossos apoiadores de orações e mantenedores que investiram em nossa vida de missões e plantação de igrejas por duas décadas. O investimento de vocês no reino através de nosso trabalho com a *Cadence International*, *Pioneers International* e *Redemption Parker* faz com que nos sintamos mais do que gratos. Nós realmente não poderíamos estar no ministério se não fosse o compromisso que vocês têm com o evangelho e com os Oshmans. Obrigada por me permitirem escrever este livro.

Sou eternamente grata pelos amigos que persistiram ao longo dos anos e dos quilômetros. Obrigada, Jen Rathmell e Kristie Coia, por serem fontes constantes de força, graça e verdade. E a todas as mulheres em nossos anos em Harbor, Okinawa, e em Betanie, na República Checa; vocês desempenharam um papel no meu crescimento e na moldagem da mensagem deste livro. Sinto saudade de vocês.

Obrigada aos meus amigos que estão perto, que perseveraram por meio de conversas e momentos de oração quando eu me perguntava se deveria sequer tentar. Obrigada, Sue Toussaint, Alivia Russo e Allie Slocum, por memorizarem Colossenses comigo – certamente essas foram as sementes deste livro. Obrigada, senhoras da *Redemption Parker*, por me deixarem extrair ideias de vocês, e pelo entusiasmo demonstrado por esta mensagem. Obrigada por estudarem a Bíblia comigo, orarem comigo e por mim, e pelo encorajamento de vocês nestas páginas. Obrigada, Joe e Whitney Finke, por lerem meus primeiros capítulos e compartilharem suas habilidades de fotografia e escrita. Obrigada às mulheres da minha comunidade do evangelho pela incansável torcida. Obrigada, Sandie Dugas, por sua parceria no evangelho, amizade permanente e por ser piedosa e hilária em igual medida.

Aos meus amigos editores, obrigada por sua devoção e cuidado. Obrigada, Kim Forney, por seu apoio incansável e por me incentivar quando minhas palavras foram fracas – você me torna uma escritora melhor. Obrigada, Carrie Abraham, por mais do que eu possa dizer. Você não apenas leu cada palavra do meu manuscrito com escrutínio e gentileza; você e Chris deram suas vidas por nós repetidas vezes.

Obrigada, mãe, por me levar à igreja há três décadas. Você me possibilitou ouvir o evangelho e receber a graça transformadora de Jesus. Obrigada também por incutir em mim o amor pela leitura e pela escrita desde cedo. Obrigada, Rebekah, Zoe, Abby Grace e Hannah, por serem filhas que dão vida. Eu amo genuinamente ser mãe de vocês. Obrigada por terem me dado espaço e tempo para escrever este livro e por estarem tão entusiasmadas com ele quanto eu. Obrigada, Mark, por me amar como Cristo ama a igreja. Você investiu mais em mim do que qualquer outro humano – as palavras deste livro vêm de você tanto quanto elas vêm de mim. Eu não poderia ter previsto ou pedido um colaborador melhor para a vida em três continentes, com quatro filhas, e mais de duas décadas de casamento até agora.

E ao meu Deus no céu, sem o qual, eu nada posso fazer. Obrigada por me resgatar e redimir.

Introdução

Sentei-me, exausta, no chão do meu dormitório, meus olhos quentes, minha cabeça latejando. Meus ductos lacrimais estavam secos, e minha mente se arrastava imaginando como eu tinha acabado assim. A tristeza que me envolvia era estranha. Sempre fui feliz e bem-sucedida – as coisas geralmente iam bem para mim. E agora não conseguia nem identificar o que estava me golpeando.

Eu tinha dezoito anos e estava curtindo meu quintessencial primeiro ano de faculdade. Meus dias eram repletos de pátios verdes, aulas cativantes e reuniões sociais. Que motivo havia para chorar?

E mesmo assim, dia após dia, durante semanas, fui atingida por uma dor que parecia, em princípio, não ter nenhum motivo. Eu estava apenas pesarosa.

Hoje penso naqueles dias com gratidão. Posso ver que eles foram um presente da graça; uma ferramenta nas mãos de Deus para me aproximar dele. Mas, naquele momento, eu me sentia como se estivesse debaixo d'água, incapaz de recuperar o fôlego, desorientada por nadar com tanta força e não alcançar progresso algum.

Talvez você se identifique com isso. Talvez você também tenha traçado uma rota e trabalhado arduamente apenas para atingir uma meta que não lhe trouxe o que imaginava.

Embora a faculdade tenha sido a primeira vez que encontrei tal desilusão, ela não seria a última. Como jovem esposa, aprendi rapidamente que o casamento não era exatamente o que eu havia previsto. Minha entrada na vida profissional como jovem adulta estava repleta de decepção. Até minha vida no ministério cristão teve sua parcela de vales. Minha meia-idade também – uma estação que supõe ser o ápice, o clímax, o lugar de destino – não corresponde aos filmes ou às imaginações que eu tinha quando jovem.

Quantas vezes você chegou ao seu destino desejado apenas para descobrir que eles não cumpriram o que prometeram? Ficamos cansadas. Cínicas. Decepcionadas com o que a vida trouxe para nós.

Nas duas décadas que estive no ministério de mulheres, encontrei essa história repetidas vezes. Minha amiga Leila sempre quis uma grande família. Agora que ela é a mãe de cinco filhos está frustrada, ressentida por seu marido não ajudar em casa e se afogando em questões comportamentais com vários de seus filhos. Uma amiga solteira, Andrea, subiu a escada do mundo corporativo com elegância. Embora esteja indo bem com um salário de seis dígitos e tenha o estilo de vida de negócios que sempre quis, ela tem descoberto que essa vida está aquém da satisfação pessoal que imaginou. E então, há Dana, que parece ser bem-sucedida em tudo o que faz:

trabalho, maternidade, igreja, esporte dos filhos – o pacote todo. Mas, em particular, ela confessa que se sente um fracasso em todas essas coisas e que, se pudesse, fugiria, mesmo que fosse para ter uma pausa e uma fraca tentativa de encontrar uma paz temporária.

Essas histórias e confissões não são exclusivas das senhoras que compartilham seus fardos no estudo bíblico. O mundo, em geral, também percebe esse fenômeno. Nosso momento atual é testemunha de uma população crescente de mulheres feridas.

Embora eu não recomende recorrer à Oprah para obter conselhos, seu império acompanha de perto as mulheres americanas de hoje. Um artigo da Oprah.com intitulado "The New Midlife Crises for Women" ("A Nova Crise de Meia Idade para as Mulheres") capta o que estou falando. O artigo cita pesquisas que dizem que "a felicidade das mulheres decaiu tanto absolutamente quanto em relação aos homens desde o início da década de 1970 até meados dos anos 2000. Mais de uma em cada cinco mulheres fazem uso de antidepressivos[1]".

Vejo isso em minha própria cidade, onde a deterioração da saúde mental das mulheres é uma grande preocupação de saúde pública. A taxa de suicídio entre as mulheres é excepcionalmente alta aqui nos subúrbios de Denver, de acordo com um trabalhador de serviços humanos do condado. Um amigo que é socorrista de emergência compartilhou que sua equipe frequentemente responde a chamadas 911 de mulheres que tiveram uma overdose de drogas e álcool

---

1 Ada Calhoun, "The New Midlife Crisis: Why (and How) It's Hitting Gen X Women," Oprah.com, http://www.oprah.com/sp/new-midlife-crisis.html/, acessado em janeiro de 2018.

– geralmente no meio do dia. Uma vizinha próxima perdeu recentemente seus direitos sobre os filhos após levá-los à escola enquanto estava intoxicada.

O que está acontecendo? Por que as mulheres – desde a adolescência até a meia-idade ou mais – estão definhando? Temos hoje maior acesso à educação, mais oportunidades profissionais, riqueza e autodeterminação do que nunca. Aparentemente, podemos ter tudo – ou pelo menos muito mais do que tínhamos no passado e consideravelmente mais do que mulheres em outras partes do mundo. E ainda assim, estamos mais deprimidas do que nunca.

Não foi isso que o doador da vida pretendia.

De volta ao chão do meu dormitório universitário, sentei-me com minha Bíblia empoeirada que eu trouxera para a faculdade, mas nunca abrira. Embora acreditasse em Deus, não conhecia a sua Palavra. Naquela noite, porém, agarrei-me a ela como se fosse uma corda de salvamento, procurando algo mais, algo para me ajudar a recuperar o fôlego, encontrar a paz e me curar.

Cheguei ao final do Evangelho de Mateus, onde Jesus foi ao jardim do Getsêmani para orar antes que suportasse a cruz. O que me cativou foi que, mesmo em sua indizível dor, Jesus orou ao Pai: "Não seja como eu quero, e sim como tu queres" (Mt 26.39). Na brutalidade emocional do Getsêmani, vi um Filho entregar-se docemente a seu Pai, confiando nele com uma dor imensurável.

Minha alma também ansiava por confiar. Na época eu não pensava, e não penso agora, que meu sofrimento estivesse no mesmo nível do de Jesus. Mesmo naquele tempo, como uma leitora inexperiente da Bíblia, percebi que meu vale de desespero não era *nada* comparado aos prós e contras de estar pendurado numa cruz e suportar o peso dos pecados do mundo.

Mas naquelas páginas, eu sentia que Deus estava pronto para me curar. Ele queria dar alívio à minha tristeza. Através de sua Palavra, parecia que Deus estava me dizendo: "Jen, eu vou te curar. Mas você tem que me dar *todo* o seu eu". Naquele vale, eu sabia que o Senhor estava me pedindo que me rendesse. Eu não sabia o que isso significava ou como poderia fazê-lo. Mas eu ansiava por ser curada.

Se você também se encontra sentada em um chão, então este livro é para você. Talvez você esteja no chão da sala de reuniões do escritório, ou no chão do quarto do bebê com fraldas na altura dos joelhos, ou no chão do seu quarto perguntando-se como consertar seu casamento. Talvez você esteja em um chão em outro país, ou no coração de uma cidade, ou no meio do nada. Você pode estar em um chão que nunca imaginou ou, talvez, esteja sentada exatamente onde esperava estar, mas as coisas não estão acontecendo como você pensava.

Ou talvez você não esteja no chão de maneira alguma agora. Se as coisas estão indo realmente bem para você, regozije-se! Mas sabemos que em nosso mundo caído, promessas são quebradas e sonhos nem sempre se tornam realidade. É provável que um momento ao chão esteja chegando. Neste lado do céu, ninguém fica incólume.

Onde quer que se encontre, como mulher nesta era, você provavelmente está lutando contra um pouco de desilusão, desencanto ou decepção com o que a vida lhe trouxe. Este livro irá explorar de que modo chegamos aqui e como podemos nos aproximar da vida abundante que Jesus prometeu aos que creem (Jo 10.10).

Uma breve palavra de advertência antes de começarmos: Este livro não se destina a abordar os verdadeiros desafios da depressão clínica. As páginas que se seguem são escritas tendo em mente o desânimo que é comum entre as mulheres de hoje. Se você suspeita que está passando por uma doença mental significativa, por favor, procure a sabedoria e o tratamento de um especialista.

Nos próximos capítulos, examinaremos as normas e as práticas sociais que nos conduziram à nossa atual crise de infelicidade. Vamos recuar e perguntar por que a sabedoria do mundo não nos deu o que prometeu. Discutiremos especificamente sobre a razão pela qual as mulheres cristãs estão desanimadas. Por que quase metade das mulheres que frequentam a igreja dizem não experimentar nenhum apoio emocional lá[2]?

Depois de diagnosticar como chegamos aqui, voltaremos nossos corações e nossas mentes para a Palavra de Deus. Como Deus nos fez? Ao que ele nos chamou? Como exatamente "o Deus da esperança [nos] enche de todo o gozo e paz" (Rm 15.13)?

Ao virarmos estas páginas juntas, espero que cheguemos a uma compreensão mais completa do evangelho. É a história da vida, da morte e da ressurreição de Jesus. É a mensagem de salvação. *E é também nossa esperança diária e nossa fonte de força para o que quer que venha.* Deus nos chama a nos enraizarmos em Cristo Jesus, o Senhor, a sermos edificadas e a nos estabelecermos nele (Cl 2.6-7). Quando fizermos isso, encontraremos a alegria duradoura que procuramos.

---

[2] "Five Factors Changing Women´s Relationship with Churches", website do grupo Barna, 25 de junho de 2005, https://www.barna.com/research/five-factors-changing-womens-relationship-with-churches/.

1

O canto da sereia do *eu*

Estou me aproximando do meu quadragésimo aniversário. Em apenas algumas semanas meus amigos e familiares se reunirão para celebrar e mal posso esperar por isso. Quarenta. Essa é uma idade muito esperada.

Você sabia que, a partir de 1970, Jennifer foi o nome mais popular na América do Norte durante catorze anos seguidos? Uma notícia chamou isso de *Jennifer Juggernaut*[1] porque nunca houve outro fenômeno de nome como esse[2].

Há uma geração inteira de nós. Cerca de uma em cada três meninas em todas as minhas salas de aula, desde o jardim

---

1 N.T.: De acordo com o Dicionário Oxford, Juggernaut é uma força ou instituição imensas, poderosas e avassaladoras. É frequentemente traduzido por 'rolo compressor'. No contexto apresentado aqui, poderia significar 'O Colosso Jennifer' ou 'Fenômeno Jennifer'.
2 Jen Gerson, "The Jennifer Epidemic: How the Spiking Popularity of Different Baby Names Cycle Like Genetic Drift," The National Post, 23 de janeiro de 2015, https://nationalpost.com/news/the-jennifer-epidemic-how-the-spiking-popularity-of-different-baby-names-cycle-like-genetic-drift.

de infância até a faculdade, chamava-se Jennifer, Jen ou Jennie (ou será que se escreve Jenny? Minhas folhas de exercício da escola primária revelam que nunca consegui descobrir isso). Estamos em todos os lugares.

Nós, Jennifers, nascemos quando os filmes favoritos dos Estados Unidos eram *Grease*, *Os Embalos de Sábado à Noite*, *Guerra nas Estrelas* e *A Pantera Cor-de-Rosa*. Bem moderno. As calças boca de sino e os trajes de lazer marcaram a cena da moda. Em minhas fotos de nascimento, meu pai está arrasando com uma gravata borboleta. O cabelo da minha mãe está cortado no estilo do então popular *pageboy*. Com o senso de moda de meus pais, você sabe que eu tinha que ser uma Jennifer. Apenas mais um sinal dos tempos.

Algumas das minhas primeiras lembranças dos anos de 1980 incluem modas que agora vejo novamente quando vou às compras com minhas filhas: calças de cintura alta e blusas *cropped*, ombreiras, jaquetas jeans e pochetes. Sou a favor do jeans – no ano passado os chamávamos de *"mom jeans"*, mas minhas filhas juram que os jeans de cintura alta são diferentes e incomensuravelmente superiores ao *mom jeans*. Seja qual for o caso, esta mãe quase quarentona tem o prazer de dizer *sayonara* para o jeans de cintura baixa. Mas será que temos que ser tão rápidas ao receber de volta as pochetes e as ombreiras?

Se você é capaz de identificar qualquer um desses artigos de moda popular, então pode ser que você faça parte da Geração X, da qual, por pouco, não sou membro – a data de corte é 1981. Os *millennials* marcam as crianças nascidas logo depois de mim, nos anos 80 e 90. Alguns cientistas sociais chamam a nós quarentões de *"Xennials"* - porque estamos muito próximos da linha. Portanto, se você é uma *millennial*, digamos que somos colegas. De qualquer forma, em meu coração sinto-me como se tivesse acabado de sair da faculdade.

Uma geração de problemas pioneiros

Nós, cujas idades atualmente abrangem os vinte, trinta, quarenta e cinquenta anos, temos mais do que o retorno de ombreiras para lamentar. Ainda estamos lidando com as coisas difíceis que nos acompanharam quando atingimos a maioridade. Somos apelidadas de geração do divórcio, porque os casamentos desfeitos atingiram seu auge em 1980.[3] Essa onda de divórcios coincidiu com a revolução sexual.[4] À medida que nossos pais se libertaram de seus casamentos, eles também encontraram liberdade nas novas normas de relações casuais e expressões alternativas de sexualidade.

Como a primeira geração que ficava sem supervisão após a escola, nos encontrávamos sozinhas em casa, tentando descobrir o que era o quê e quem era quem. Crescemos em tempos incertos, com certeza.

Uma geração de promessa pioneira

Mas os tempos também foram empolgantes. Nos Estados Unidos, demos as boas-vindas ao Título IX, uma lei de direitos civis que diz que ninguém pode ser excluído de qualquer programa de educação com base no gênero. Minhas amigas e eu sentimos os efeitos do Título IX principalmente no mundo

---

[3] Susan Gregory Thomas, "The Divorce Generation," *Wall Street Journal*, 9 de julho de 2011, https://www.wsj.com/articles/SB10001424052702303544604576430341393583056.

[4] Wikipedia, s.v. "Sexual revolution", modificado pela última vez em 27 de abril de 2019, https://en.wikipedia.org/w/index.php?title=Sexual_revolution&oldid=874901769/.

esportivo. Os esportes femininos começaram a receber mais atenção e financiamento, e todas nos encontrávamos no campo de futebol durante as tardes, acompanhando os meninos. O refrão comum de nossas treinadoras e professoras era: "Qualquer coisa que os meninos possam fazer, vocês podem fazer melhor". Minha escola secundária tinha até mesmo algumas chutadoras esperançosas de irem para a equipe de futebol dos meninos.

Claro, estávamos avançando com dificuldade em nossa turbulenta vida doméstica. Mas nossos dias de escola e nossos círculos sociais estavam cheios de possibilidades. "Seja o que você quiser ser", as pessoas nos diziam. Nosso único limite era a nossa imaginação.

Eu era a editora chefe do jornal da minha escola secundária durante aqueles dias que guardavam tanto potencial. Recentemente encontrei um jornal antigo com um editorial escrito por esta que vos fala. Ele foi escrito não com pouca dose de atrevimento. A essência era a seguinte: as meninas estão preenchendo as salas de aula de honra e colocação avançada (AP ou advanced placement, no original), mas onde estão os meninos? Foi uma celebração do Título IX. Nós meninas estávamos realmente avançando, até mais do que os meninos. Pelo menos no meu contexto, estávamos devorando todos os prêmios e todas as bolsas de estudo e nos encaminhando para futuros promissores nas melhores faculdades.

O mundo estava torcendo por nós. Nós podíamos sentir isso. O "poder feminino" estava nos impulsionando para além de onde nossas mães e avós jamais haviam estado. Estávamos decididas a tomar de assalto a barreira invisível que separava as mulheres dos homens – nossas visões estavam voltadas para nos tornamos CEOs, empresárias, engenheiras, professoras, advogadas, médicas ou, no meu caso, locutora de televisão. Nossas predecessoras estavam entusiasmadas por nós, mas não sabíamos de nada.

Com muita confiança, nós nos lançamos no mundo das mulheres.

Você consegue!

O otimismo de nossas mães e o espírito do "você consegue" que inundou a nós, garotas, nos atiraram à idade adulta. Algumas de nós obtiveram diplomas. Começaram carreiras. Encontraram maridos. Tiveram filhos. Desempenharam papéis importantes em nossas comunidades, na política e nas igrejas.

"Você pode ter tudo", disseram-nos elas na época e continuam nos dizendo agora. E nós certamente estamos tentando. A maioria das mulheres que conheço trabalham (em tempo parcial, integral ou de casa) ou possuem seus próprios negócios, são voluntárias, criam filhos, participam de esportes e clubes locais, servem em suas igrejas, fazem exercício físico, se esforçam para colocar comida saudável na mesa, mantêm vidas sociais ativas, pensam globalmente, compram localmente – e a lista continua. Estamos fazendo malabarismos com lavanderia, promoções, caronas solidárias e escola dominical. Poder feminino.

O ar cultural que respiramos nos enche de otimismo. E assim respiramos fundo e continuamos correndo rumo ao objetivo. *Crie seu próprio destino. Seja você. Alcance as estrelas. Você pode criar a si mesma. Você está no comando da sua própria felicidade. Você recebe o que você dá. Nunca deixe que eles te vejam suar. Siga seus sonhos. Faça acontecer. Você é suficiente.*

Estamos todas tentando alcançar essa estrela dourada inatingível: tornar-se a mulher que a sociedade diz que podemos ser. Continuamos a nos puxar para cima por iniciativa própria, engolindo nosso café e olhando no espelho para nos lembrar: "Você consegue, irmã. Vá em busca dos seus sonhos".

Mas então...

Então.

Quase sem exceção e como se fosse um aviso, chegamos ao fim de nós mesmas. A xícara de café está vazia. O pensamento motivacional silencia. Nós colapsamos no sofá. Estamos cansadas. Isso não está funcionando. Alguém mande ajuda.

Conseguimos!
Então, por que estamos tão tristes?

O movimento feminista realmente nos proporcionou melhor remuneração, igualdade de direitos e mais respeito em muitas esferas da sociedade. As mulheres de hoje estão em dívida com aquelas que existiram antes de nós. Sou grata por muitos dos frutos gerados pela libertação das mulheres. Sem aquelas que vieram antes de mim, eu provavelmente não seria uma estudante de cultura e teologia nem estaria escrevendo este livro.

Mas mesmo quando celebro as mulheres fortes do passado e do presente, também me pergunto o que realmente está acontecendo. Nós, mulheres *Xennials*, que saíram imediatamente para a vida adulta com muita promessa e antecipação, não estamos nos regozijando da maneira que eu acho que nossas antepassadas imaginavam que nos regozijaríamos.

As coisas não estão saindo de acordo com o planejado. Sermos mulheres autodidatas está nos desgastando.

Os pesquisadores descobriram que "embora as circunstâncias da vida das mulheres tenham melhorado muito nas últimas décadas através da maioria das medidas objetivas, a felicidade delas diminuiu – tanto em termos absolutos quanto em relação aos homens".[5]

Nos Estados Unidos, a saúde mental e emocional feminina está em crise. Um estudo do Centro de Controle de Doenças revela que nas últimas duas décadas aproximadamente, as taxas de suicídio entre as mulheres aumentaram 50%, e entre as meninas de dez a quatorze anos triplicaram.[6] Devemos nos perguntar: *se as coisas deveriam estar cada vez mais esperançosas, por que estamos cada vez mais desesperançadas?*

Os cientistas sociais estão divididos sobre o porquê de as mulheres e as meninas estarem em dificuldades. Alguns apontam para o fato de que os homens ainda ocupam os cargos mais bem pagos, os mais altos níveis de cargos eleitos e conquistam o maior respeito. Alguns culpam a má conduta sexual, como mostra graficamente o movimento *#metoo*. Muitos referem-se ao fato de que, embora as oportunidades tenham sido amplamente abertas fora de casa para as mulheres, nós ainda cuidamos de tudo dentro de casa; isso é chamado de segundo turno e é primariamente ocupado por mulheres.

5 Sherrie Bourg Carter, "Meet the Least Happy People in America," Psychology Today, 17 de setembro de 2011, https://www.psychologytoday.com/us/blog/high-octane-women/201109/meet-the-least-happy-people-in-america
6 Hilary Brueck, "The US Suicide Rate Has Increased 30% Since 2000—and It Tripled for Young Girls. Here's What We Can Do About It," Business Insider, 14 de junho de 2018, https://www.businessinsider.com/us-suicide-rate-increased-since-2000-2018-6.

Alguns dizem que estamos muito ocupadas e que nada tem recebido a atenção que merece. Muitos acreditam que a mídia social tem um papel importante nisso.

Como chegamos nesse ponto?

Temos um mapa na mesa de nossa sala de jantar sobre o qual nossa família adora se debruçar após as refeições. Três das minhas quatro filhas nasceram na Ásia. Após a infância delas lá, nos mudamos para a Europa. Acabamos voltando aos Estados Unidos a tempo da adolescência e da juventude delas. Quando olhamos para o mapa, lembramo-nos de nossos lugares preferidos no Japão e na Tailândia. Concentramo-nos na República Tcheca e nos lembramos de nossas viagens pelas estradas da Europa.

Traçamos nossos dedos em três continentes e nos lembramos de como chegamos aqui, no Colorado. Cada país desempenha um papel importante em quem minhas filhas são hoje. Esses lugares são o motivo pelo qual o arroz frito e o Lámen são os *comfort foods* delas. Eles são o motivo pelo qual elas adoram sushi e a razão do curry japonês e o goulash tcheco serem iguarias em nossa casa. Os pontos da viagem revelam por que elas falam uma segunda língua e por que ainda estão desnorteadas com o futebol americano, com as mercearias e com o material escolar. Olhar esse mapa e nossa história compartilhada nos lembra do motivo pelo qual somos quem somos hoje e como chegamos aqui.

E assim é com este momento na história global da mulher. Se quisermos entender quem somos hoje, devemos rastrear nossos dedos ao longo do mapa para descobrir como chegamos a este momento paradoxal de grande oportunidade e de grande desânimo.

Cosmovisões ocidentais e as mulheres

Nossa condição atual não é apenas o transbordamento do movimento de libertação da mulher ou do Título IX. Ela não está enraizada apenas nas mídias sociais ou no trabalho de dois turnos que muitas de nós estamos fazendo. Não é simplesmente o resultado de armadilhas e pressões dos tempos modernos.

Ao contrário, chegamos aqui seguindo o progresso natural das cosmovisões do Ocidente durante os últimos cem anos. Na verdade, estamos exatamente onde nosso caminho nos levou. As cosmovisões do Ocidente nos trouxeram até aqui, quer percebamos ou não.

Uma cosmovisão é exatamente o que parece: a maneira como nós, enquanto grupo – uma família, um grupo de pessoas, uma nação – vemos o mundo. As cosmovisões respondem às nossas grandes perguntas sobre a vida: O que é real? Quem nós somos? Como chegamos aqui? Existe um deus e, se existe, como é ele ou ela? Qual é o sentido da vida? O que deveríamos estar fazendo aqui? Como sabemos a diferença entre o certo e o errado? O que acontece quando morremos?

As cosmovisões são sutis. Inspiramo-las e expiramo-las, geralmente sem sequer sabermos. Consideramo-las como algo garantido. Elas são nossas reações automáticas que dizem "claro, é assim que as coisas são". A menos que você tenha passado tempo refletindo sobre o porquê de você pensar da maneira como pensa, é provável que sua cosmovisão tenha se desenvolvido sem que você realmente notasse.

Uma corrida rápida pelas cosmovisões

Fique comigo aqui. Vamos tirar um minuto para traçar as importantes cosmovisões das últimas centenas de anos para que possamos ter um entendimento melhor sobre como chegamos nesse ponto. Nossas cosmovisões não foram moldadas no vácuo. Elas são o culminar de pensadores influentes e de formadores de cultura. Os pensadores abaixo são os ancestrais da nossa cosmovisão; podemos ser tentadas a pensar que eles não têm nada a ver conosco, mas eles têm desempenhado um papel importante em como você e eu enxergamos o mundo no século vinte e um.

Anos 1600

A filosofia ocidental começou, na verdade, nos anos 1600 com a idade da razão, cujo pai é René Descartes. Ele é famoso por dizer: "Penso, logo existo". Essa citação resume bem a ideologia daquela época: é por causa da razão, ou da racionalidade, que podemos saber tudo. Embora sutil, esse foi o começo do nosso olhar para nós mesmos como fonte de sabedoria, de vida e de propósito.

Anos 1700

O Iluminismo estava rapidamente nos calcanhares de Descartes, com pensadores como Jean-Jacques Rousseau, nascido na Suíça. Rousseau é famoso por rejeitar qualquer coisa que limitasse a liberdade do eu. Ele é o pai do movimento "se isso te faz sentir bem, faça". Estamos definitivamente vivendo o legado do pensamento de Rousseau hoje.

Os anos 1700 foram uma era de revolução. As revoluções francesa e americana tiraram os grilhões da igreja e do estado. Com Rousseau, os pensadores europeus e do Novo Mundo priorizaram o indivíduo acima da instituição.

Anos 1800

O início da orientação para si mesmo como autoridade nos anos 1600 e a rejeição da igreja e do estado nos anos 1700 transformaram-se na filosofia moderna dos anos 1800. O americano Ralph Waldo Emerson triunfou sobre a autossuficiência, dizendo: "Cada um por si; impulsionado a encontrar todos os seus recursos, esperanças, recompensas, sociedade e *divindade* dentro de si"[7].

O filósofo alemão Karl Marx também defendeu a autonomia total. Ele disse: "Um ser só se considera independente quando está sobre seus próprios pés; e ele só está sobre seus próprios pés quando *deve sua existência a si mesmo*"[8].

Sabemos hoje que, embora muitos tenham sido atraídos (e ainda o sejam) pelas promessas de equidade de Marx, sua influência levou à autodeificação dos líderes totalitários ao longo do século XX. A aplicação de sua cosmovisão à política causou a morte de milhões na Rússia, China, Camboja e em outros lugares.

---

7 Ralph Waldo Emerson, *The Complete Works of Ralph Waldo Emerson: Lectures and Biographical Sketches*, ed. Edward Waldo Emerson (Boston: Houghton Mifflin, 1911), 329. Ênfase adicionada.
8 Karl Marx and Frederick Engles, "Private Property and Communism," in *Collected Works*, vol. 3 (New York: International Publishers, 1975), 304, citado em Charles Colson and Nancy Pearcey, *How Now Shall We Live?* (Carol Stream, IL: Tyndale, 1999), 234, chap. 24, Kindle edition [edição em português: *E Agora, Como Viveremos?* (Rio de Janeiro: CPAD, 2000)]. Ênfase adicionada.

Charles Darwin nos convenceu de que evoluímos por acaso e por mutação, em última análise, nos libertando de qualquer obrigação para com um criador ou deus fora de nós mesmos. Darwin, Marx, Emerson e outros pensadores do século XIX nos levaram a definir nossa própria realidade; decidiremos por nós mesmos como chegamos aqui, para que servem nossas vidas e o que é real.

Anos 1900

O quase imperceptível transbordar das águas que começou nos anos 1600 com o racionalismo ganhou impulso ao longo dos anos 1700 com a rejeição da igreja e do estado, e se tornou uma onda de maré nos anos 1800 com a elevação da autossuficiência, autoexistência e autodeificação. O tsunami varreu nosso valor de perseguir a verdade objetiva e nos carregou até meados dos anos 1900, nos colocando diretamente no movimento existencialista. Quando as águas recuaram, a maioria de nós no Ocidente se propôs a reconstrução, definindo nosso próprio significado de vida.

As diversas definições entre nós trouxeram o pós-modernismo nos anos 1970. O pós-modernismo diz que não há metanarrativa para a vida – em outras palavras, não há como explicar quem somos ou como chegamos até aqui.[9] O pós-modernismo diz que qualquer cosmovisão que afirma interpretar

---

9 Essa ideia vem de Timothy Keller, *Making Sense of God: Finding God in the Modern World* (New York: Penguin, 2016), 200. Keller dá crédito a duas fontes em suas anotações: Jean-Francois Lyotard, *The Postmodern Condition: A Report on Knowledge* (Minneapolis, MN: University of Minnesota Press, 1984), xxiv; e Richard Bauckham, "Reading Scripture as a Coherent Story," em *The Art of Reading Scripture*, ed. Richard B. Hays and Ellen F. Davis (Grand Rapids, MI: Eerdmans, 2003), 45.

a vida e a história através de um significado abrangente está errada (não importa que o próprio pós-modernismo tente interpretar toda a vida com um único significado abrangente, ou seja, que não há significado).

E foi aí que nós, Jennifers, e a Geração X, e os *millennials*, e muito provavelmente você, cara leitora, entramos em cena.

Você e eu nascemos em uma época em que o relativismo e o individualismo triunfaram. A cultura de nossa infância foi decididamente antiautoritária. Em vez de *descobrir* a verdade objetiva, fomos ensinadas a *definir* nossa própria verdade subjetiva. Ao contrário de milênios de gerações anteriores, nós nos propusemos não a descobrir o sentido da vida, mas a dar às nossas vidas seu próprio sentido.

Da dependência do eu à deificação do eu

Aqui, nos anos 2000, conseguimos tirar os grilhões de qualquer definição institucionalizada de verdade, ou de realidade, ou de certo e errado. A liberdade triunfou como nosso maior bem.

A liberdade individual supera todas as normas e valores da sociedade anterior. Ela é a principal.

Quer soubéssemos ou não na época, a prioridade e o poder do indivíduo foram elevados em nossas salas de aula do ensino fundamental. O movimento de autoestima de nossa infância utilizava currículos escolares que nos ensinavam "a cantar slogans como 'eu posso lidar com isso', 'eu posso fazer isso acontecer' e 'eu sou eu', 'eu sou suficiente'".[10] A salvação de

---
10 Colson e Pearcey, *E Agora, Como Viveremos?* (Rio de Janeiro: CPAD, 2000).

nossa infância foi encontrada em nós mesmas. E nós levamos isso para a idade adulta.

Não é necessário procurar além do Instagram e das lojas de decoração doméstica para ver as mesmas mensagens em nossas xícaras de café e almofadas. Vemos essa priorização do *eu* na cultura popular, na televisão e no cinema, nos livros de criação de filhos, na música – isso está em todos os lugares.

Nós consagramos o *eu* não apenas na cultura pop, mas também em nossas leis. Em 1992, a Suprema Corte Americana "consagrou esse ponto de vista na lei quando opinou que 'o coração da liberdade' é 'definir o conceito de existência de uma pessoa, de significado do universo'".[11] A definição da realidade da própria pessoa é defendida em todas as formas de políticas nos campi universitários, nas salas de reunião de empresas e nas sinalizações de banheiros públicos.

Não é permitido que nada se interponha no caminho de você ser você mesma. Você se define. Você faz o você. Todos os outros andaimes da sociedade devem se submeter ao *eu*, o nosso maior valor.

Fragilidade: o problema primário com a deificação do *eu*

Quando nos deificamos, exigimos que a realidade se adapte aos nossos próprios desejos, ao invés do contrário (nos conformarmos à realidade). E quer saibamos ou não, essa autodeificação exige que nos adoremos, que nos sustentemos, que nos convençamos de que somos suficientes e dignas de sermos seguidas.

---

11 Timothy Keller, *A Fé na Era do Ceticismo: Como a Razão Explica Deus* (São Paulo: Edições Vida Nova, 2015).

Quando nos tornamos nossa própria fonte de significado, também nos tornamos nossa única fonte de satisfação e de realização. Nós nos colocamos em um ciclo de definição de nós mesmas e de adoração a nós mesmas.

Para manter essa cosmovisão, devemos nos tornar nossos próprios mestres. Ironicamente, na verdade, não nos tornamos livres. Nós temos não apenas que reunir nosso próprio significado, objetivos e sonhos, como também fornecer nossa própria energia e a capacidade de cumpri-los. Estando no trono, nós devemos ser verdadeiramente mulheres feitas por nós mesmas: devemos conjurar tudo, desde o sentido da vida até a energia e a capacidade de vivê-la.

Isso nos torna frágeis. Tudo depende de nós. Hoje temos que criar nossos mundos e fazê-los girar.

A deficiência: quando a deificação do eu não é suficiente

O problema da autodeificação é que ela se limita a si mesma. Nós nos incapacitamos por não nos permitirmos olhar para algo maior – algo de fora (ou *alguém* de fora, como investigaremos no próximo capítulo) – para obter nosso significado e propósito. Nossa única esperança é acreditar em nós mesmas quando dizemos que somos suficientes.

E devemos nos alimentar de uma dieta constante de elogios dos outros. Como você sabe que chegou ao ponto de ser *tudo o que você quer ser* se você não receber elogios por suas conquistas? Uma vida tediosa não é suficiente para saber que você está no pináculo de seus sonhos. Temos que estar lá fora, recebendo os aplausos das multidões.

Mas o apetite pela aprovação é insaciável. E nunca temos a certeza de que estamos no caminho certo. Quantos *likes* na mídia social são suficientes para saber se você finalmente alcançou as estrelas?

Os mantras de autoestima de nossa infância acabam por soar vazios. O slogan "Eu posso fazer acontecer" repetido por nossos professores, pais, cultura pop e, até mesmo, pelas leis não nos dá a vida que pensávamos que nos daria. Ironicamente, a cosmovisão que supostamente nos dá a vida nos suga.

Se você e eu não podemos ser quem nos propusemos a ser, então nós nos perdemos. Como diz o pastor e autor Timothy Keller: "O *eu* moderno é esmagador".[12] Seguir nossos corações não funciona quando nossos corações também devem dizer para onde estamos indo e como chegar lá. Somos como um cão perseguindo seu próprio rabo. Não há começo. Não há fonte externa para a energia e a alegria necessárias, e direção para onde estamos tentando seguir.

E assim acabamos perseguindo freneticamente o nosso "rabo" até ficarmos exaustas. À medida que traçamos o mapa das cosmovisões históricas, vemos que o caminho que nos levou a fazer o *eu* triunfar acima de tudo também nos levou à nossa própria destruição.

Estamos nos destruindo ao tentar seguir a nós mesmas.

Desde a segunda metade do século vinte, pressupusemos que temos autoridade para nos criar e viver nossa própria realidade. Mas essa visão é fatalmente falsa. É o que está afligindo a minha e a sua geração.

---

12 Keller, *Making Sense of God*, 134.

Estamos no pronto-socorro e precisamos de uma diagnóstico exato

Em determinado momento de meus primeiros anos como mãe, eu tinha três filhas, todas com idades de três anos para baixo. Qualquer que seja a loucura que você esteja imaginando, ela é exata. Durante aquela época de loucura, tive uma dor de garganta que não passava. Eu estava tomando um analgésico várias vezes ao dia para manter a dor, o inchaço e a febre a distância. Mas depois de alguns dias, o inchaço chegou ao ponto de eu ter dificuldade para respirar. Então fiz o que qualquer mãe de criança pequena faria: *Eu fui dirigindo* até o pronto socorro. Era simplesmente mais fácil deixar as crianças em casa com meu marido do que fazer com que ele levasse toda a família ao hospital.

Estacionei meu carro e entrei na sala de espera do pronto socorro imaginando que ficaria esperando por horas para ser vista. Em vez disso, depois de responder a algumas perguntas, fui levada para trás de uma cortina e comecei a receber o tratamento. A médica de plantão ficou claramente alarmada.

Eu a ouvi ligar para o meu marido: "Senhor, sua esposa está muito doente. Ela não chegará em casa tão cedo. Ela receberá antibióticos por via intravenosa e é possível que tenhamos que inserir um tubo na traqueia dela. Ela estará na UTI, então venha aqui quando puder". Recebi morfina para as dores, perdi e recobrei a consciência do meu entorno durante os dias seguintes.

Claramente, eu tinha diagnosticado mal a minha dor de garganta. O que inicialmente parecia ser um pequeno incômodo piorou até que, na realidade, tornou-se uma crise que ameaçava a vida. O analgésico não ia interrompê-la. O que eu pensava ser uma gripe era, na verdade, uma infecção agressiva fechando minha garganta. Meu diagnóstico errado, não instruído, colocou minha família e a mim em perigo.

Um diagnóstico errado para entender a atual crise de saúde mental e emocional das mulheres no Ocidente fará a mesma coisa. Não podemos simplesmente engolir alguns comprimidos de analgésico, se quisermos ter alguma esperança de sair dessa batalha em que estamos metidas.

Não é que o movimento feminista tivesse entendido tudo errado. Não é que nós mulheres estejamos apenas fazendo muito e estamos cansadas. Não é que a medicina e a prática da saúde mental não sejam úteis. É que o nosso problema é profundo. Tem a *profundidade da alma*.

A autora Rosaria Butterfield acerta precisamente quando escreve: "A verdadeira questão no âmago é a personalidade. Falhar em discernir corretamente quem somos nos torna incapazes de discernir com precisão qualquer coisa que tocamos, sentimos, pensamos ou sonhamos. Falhar em discernir corretamente quem somos nos torna incapazes de saber apropriadamente quem é Deus. Estamos verdadeiramente perdidas em uma escuridão criada por nós mesmas".[13]

O ousado teólogo e reformador João Calvino identificou isso há quinhentos anos quando disse: "Pois a praga de nos submetermos ao nosso próprio governo nos leva diretamente à ruína".[14] É verdade, estamos perdidas no breu que nós

---

13 Rosaria Butterfield, *O evangelho e as chaves de casa: Praticando uma hospitalidade radicalmente simples em um mundo pós-cristão* (Brasília, DF: Monergismo, 2020).
14 John Calvin, *A Little Book on the Christian Life*, trans. Aaron Denlinger and Burk Parsons (Sanford, FL: Reformation Trust, 2017), 22–23.

mesmas geramos e chegamos aqui ao destronarmos Deus e entronizarmos a nós mesmas.

Nós nos deificamos. E isso nos levou ao nosso fim.

O remédio: lembrar-se de quem somos e a quem pertencemos

A cultura nos diz que o remédio para nosso esgotamento é ter mais tempo para si. O que precisamos é de mais descanso. Mais momentos de silêncio sozinhas. Um veículo de luxo mais agradável que possa bloquear o estresse do mundo. Possivelmente uma babá e uma faxineira para nos ajudar a equilibrar tudo. Mais vinho. Mais café. Terapia, medicina. Mais reflexão. Encontre sua tribo, seu povo, sua máfia das mães para lembrá-la de que você é suficiente e de que consegue fazer isso.

Mas eu acredito que precisamos voltar ao início. Precisamos nos lembrar *de quem nós somos e a quem pertencemos*. Como fomos criadas e por quem? Para que propósito fomos criadas? Com que tipo de energia estamos destinadas a funcionar?

Nosso remédio está na recuperação de nossa cosmovisão. Está em rejeitar o movimento de autoajuda que nos criou e em reorientar-nos de volta para o Deus que nos fez. A cura deve acontecer em nossas almas. Nossa saúde virá quando nos enraizarmos no que é verdadeiro.

Encaremos isto: fomos enganadas pela cultura que nos criou. As ideias em que mergulhamos estão causando estragos. Ao confrontá-las com as verdades bíblicas do evangelho, vemos como elas soam ocas.

Como as criaturas sedutoras, mas destrutivas da mitologia grega, o *eu* é uma sereia. De fato, somos atraídas por nós mesmas. Mas o enraizamento em nós mesmas nos levou à nossa ruína. A reflexão do 'eu consigo fazer isso' e a construção de nós mesmas a partir do interior nos esgotou. Vemos agora que não há descanso para aquela que depende de si mesma para tudo.

Nossa atual condição de crise não é a que o doador da vida pretendia. Ele nos criou de uma maneira específica, para um propósito específico. E ele pretendia que fôssemos energizadas e cheias de alegria em um relacionamento com ele.

Admitamos que não somos suficientes, e nos voltemos para o Deus que é.

※

Perguntas para reflexão

1. Quais são algumas das cosmovisões não verbalizadas nas quais você nasceu?

2. Quais ideias de cosmovisões dos anos 1600, 1700, 1800 e 1900 você vê se desenrolando na cultura atualmente?

3. Que problemas você enxerga na autoajuda?

4. Pense em nossa tendência cultural de definir a realidade, em vez de descobrir a realidade. Em outras palavras, tendemos a exigir que a realidade se conforme aos nossos

próprios desejos, em vez de o contrário (nos conformarmos à realidade). Quais são alguns exemplos da vida real em que isso é problemático?

5. Você concorda que "o *eu* moderno é esmagador"? Reflita sobre o ciclo exigido pela autodeificação: devemos adorar a nós mesmas, nos sustentar e nos convencer de que somos suficientes e dignas de sermos seguidas. Você já experimentou isso?

6. Leia Colossenses 2.8 e Romanos 1.28-30. Como esses versículos falam de nossa cultura atual?

7. Peça a Deus para lhe revelar em que aspectos você foi conformada com os ideais culturais e não com os ideais de Deus. Em que áreas você cedeu em sua mente e em que áreas você precisa ser renovada? Medite em Romanos 15.13 e peça a Deus que se revele a você e lhe mostre em que encontrar a alegria duradoura enquanto avança neste livro.

2

O que o doador
da vida pretendia

Quando meu marido completou quarenta anos, estávamos morando na Europa. Eu planejei um elaborado final de semana surpresa apenas para nós dois: quarenta e oito horas em Florença pelos quarenta anos dele. Para acrescentar às festividades (e aparentemente à aliteração), entrei em contato com nossos familiares nos Estados Unidos para ver se eles poderiam contribuir com a cereja do bolo: uma Ferrari.

Não uma Ferrari *para* ele. Mas a chance de ele dirigir uma, mesmo que brevemente. Eu sabia que essa seria a glória do nosso fim de semana. Que memória! Que fotos! Que coisa mais apropriada para se fazer ao completar quarenta anos!

Mark não tinha ideia do que estava por vir. Saímos para ver os pontos turísticos e eu o levei até à Piazzale Michelangelo, ao ponto de encontro para o passeio. Lá, com vista para a cidade, com o Duomo e a Ponte Vecchio ao longe, estava uma Spider 488 conversível, vermelha e brilhante. Os olhos e a boca de Mark cresceram muito quando nos identifiquei ao rapaz da Ferrari. Foi impagável.

Por um minuto.

A festa da Ferrari começou a diminuir quando o rapaz se movimentou para que nós três entrássemos. Ou seja, ele iria conosco. Ou seja, não, você não pode levar este *bebê* para fora, na estrada aberta, sem uma *babá*.

Mark permaneceu otimista enquanto eu dobrava minha estrutura de 1,80m para caber em um espaço de trinta centímetros que alguns chamariam de banco de trás. A Ferrari começou com um rugido. Mark ajustou seus óculos de sol, sorriu para mim através do espelho retrovisor e teceu cuidadosamente seu caminho além das multidões e dos vendedores ambulantes ansioso pela paisagem rural italiana.

Só que nós nunca chegamos lá.

Eu tinha imaginado que o dinheiro que nossa família juntou para a ocasião havia comprado vinte minutos de êxtase com a Ferrari. Em vez disso, durante vinte minutos, Mark saiu e permaneceu em primeira marcha – passando algumas vezes para a segunda, mas raramente – já que estávamos no trânsito italiano. Os olhares pelo retrovisor passaram de uma expectativa ávida para uma realização sóbria e depois para uma dissipação imediata.

Apegando-se à esperança, Mark perguntou sobre o botão prateado no painel onde lia-se 'arranque' "Nunca, jamais toque nisso", disse a *babá*. Tanto o carro quanto o motorista murcharam.

A Ferrari foi projetada para uma coisa: velocidade. Essa viagem lenta pela cidade não era o que os fabricantes tinham em mente. O motor trovejante, o botão de controle de largada, todas as seis marchas e a tração traseira imploravam por aceleração.

Não sou uma entendida em carros, mas estava claro naquele momento que "as melhores soluções tecnológicas desenvolvidas para corridas com a alegria de se dirigir ao ar livre [com a intenção de] para proporcionar uma experiência emocionante ao volante" não iria ocorrer.[1] A máquina maravilhosa não faria aquilo para o que fora criada. Ela falhou na largada.

Da mesma maneira, quando você e eu vivemos de forma não planejada pelo nosso Criador, nós sofremos. Definhamos quando nosso propósito não é realizado. Assim como a Ferrari, nós gememos, ficamos inertes e fazemos um lento progresso, mas nunca arrancamos. Nunca conseguimos voar, atingir a velocidade total ou florescer em nosso total potencial.

Assim como o carro de corrida foi feito para a velocidade, você e eu fomos feitas para Deus. Ele é o nosso Criador. Ele nos projetou para si.

Fomos criadas por Deus e para Deus.

Qual é a nossa história?

Como seres humanos do século XXI, somos rápidas em nos perguntar o que deveríamos estar *fazendo*. Somos inundadas com opções de educação, hobbies, tempo livre, paixões a satisfazer, causas pelas quais lutar, questões de justiça a defender. Queremos saber *como* empregar nossas vidas, nossos recursos, nosso futuro. Priorizamos a ação.

---

[1] "The Prancing Horse's Best Ever Open-Top Performance," website da Ferrari, https://auto.ferrari.com/en_US/sports-cars-models/car-range/ferrari-488-pista-spider/, acessado em 27 de dezembro de 2018.

Mas antes que você e eu possamos descobrir o que deveríamos estar fazendo, precisamos saber *de qual história* fazemos parte.[2] Como podemos saber o que fazer se não conhecemos nosso contexto? Qual é a trama maior à nossa volta? Quem é o autor? E em que parte da história ele nos inseriu?

A Bíblia é a história de Deus, e nós, suas criaturas, também somos apresentadas lá.

Certamente fora e, infelizmente, muitas vezes dentro da igreja, a Bíblia é vista como um bom livro cheio de sabedoria incisiva. Nós a tratamos como biscoitos da sorte cristãos – um bando de fragmentos com algumas boas ideias que podem ou não ter a ver conosco. A cultura popular dá tapinhas na cabeça da Bíblia: ela é legal, mas é literatura antiga, ultrapassada, irrelevante.

Mas a história da Escritura é preeminente. Ela vai de eternidade à eternidade. É a realidade final, a principal verdade de todos os tempos. É a história na qual nos encaixamos. E esse último detalhe é especialmente importante para nós atualmente: *nós nos encaixamos na história*. Não somos *nós que encaixamos a história às nossas vidas* quando conveniente.

Nós somos pessoas da história. Naturalmente, queremos dar sentido a quem somos, de onde viemos e para onde estamos indo. Um estudioso da Bíblia dá um aviso oportuno: "Porque nós mesmos somos 'implacavelmente narrativos', se não obtivermos nossa história da Bíblia, acabaremos encaixando pedaços da Bíblia em uma história que pegamos de algum

---

2 Alasdair MacIntyre, *After Virtue: A Study in Moral Theory*, 2nd ed. (Notre Dame, FR: University of Notre Dame Press, 1984), 216, conforme citado em James K. A. Smith, *You Are What You Love: The Spiritual Power of Habit* (Grand Rapids, MI: Brazos Press, 2016), 89. [edição em português: *Você É Aquilo Que Ama: O Poder Espiritual do Hábito* (São Paulo: Edições Vida Nova, 2017)].

outro lugar. Não temos escolha a não ser vivermos nossas vidas como uma narrativa que se encaixa em alguma narrativa maior que acreditamos ser capaz de dar sentido ao mundo".[3]

Somos "implacavelmente narrativos". E, portanto, para entender corretamente nossa própria história, devemos ir à Bíblia pelo que ela é: um drama unificado – uma metanarrativa, uma grande história que explica *tudo*.

A grande história da Bíblia

Embora a Bíblia contenha sessenta e seis livros, escritos ao longo de 1.500 anos por quarenta autores em três idiomas, ela, na realidade, contém uma história unificada: "De Gênesis a Apocalipse, a Bíblia nos fala sobre o reinado e o governo de Deus".[4]

A grande história da Bíblia é composta por quatro grandes movimentos: criação, queda, redenção e restauração. Explicando de forma simples, a criação é como viemos a estar neste planeta, a queda é quando originalmente pecamos e nos rebelamos contra Deus, a redenção é quando Jesus veio e pagou o castigo por nossos pecados em nosso favor e a restauração é o que virá no futuro, quando Deus fará todas as coisas novas na terra e no céu.

Se olharmos para uma linha do tempo eterna, as palavras "você está aqui" estariam marcadas em vermelho entre os movimentos de redenção e restauração. É aí que você e eu estamos neste momento. A humanidade já viveu a criação e a

---

[3] Glenn Paauw, *Saving the Bible from Ourselves: Learning to Read and Live the Bible Well* (Downer's Grove, IL: InterVarsity Press, 2016), cap. 7, Kindle edition.
[4] Jen Wilkin, *Mulheres da Palavra: Como Estudar a Bíblia com Nossa Mente e Coração* (São José do Campos, SP: Fiel, 2014).

queda. E embora a redenção já tenha vindo em Cristo, a restauração ainda não ocorreu.

Para nossos propósitos neste capítulo, estamos mais preocupadas com o primeiro movimento da grande história da Bíblia: a criação. Voltando ao início, podemos compreender melhor por que estamos no estado em que nos encontramos agora.

Nossas origens podem realmente nos dizer por que as mulheres estão tão desiludidas hoje, no século XXI.

Criada de propósito para um propósito: À Imagem dele e para a glória dele

A criação é acaloradamente discutida por causa de suas enormes ramificações. Se é verdade que temos um Criador e que não estamos aqui por acaso, então temos que recorrer a ele para que responda às nossas grandes perguntas. A "implicação mais importante da criação é que ela nos dá o entendimento básico sobre quem nós somos; a nossa visão sobre as origens determina a nossa visão sobre a natureza humana."[5]

É muito difícil encontrar um nativo da língua inglesa que não saiba onde encontrar as palavras "No princípio criou Deus" (Gn 1.1). Embora essas palavras possam não ser unanimemente cridas, elas são universalmente conhecidas como as palavras iniciais da Bíblia. Vinte e sete versículos depois de "No princípio" – depois de Deus ter criado os céus e a terra, o dia e a noite, o firmamento e as águas, as plantas e as árvores, o sol, a lua e as estrelas, os peixes e as aves, os animais domésticos, as coisas que rastejam e os animais selváticos – Deus

---

[5] Charles Colson e Nancy Pearcey, *E Agora, Como Viveremos?* (Rio de Janeiro, RJ: CPAD, 2000).

"criou o homem à sua imagem, à imagem de Deus o criou; homem e mulher os criou" (Gn 1.27).

Você e eu fomos criadas por Deus e à imagem dele. O salmista disse: "Sabei que o Senhor é Deus; foi ele quem nos fez, e dele somos; somos o seu povo [...]" (Sl 100.3).

Se viemos de Deus, então não só devemos nossa existência a Deus, mas apenas Deus pode nos dizer por que estamos aqui, o que nos fará mal e como podemos prosperar. O escritor da história também é o contador da história. Ele nos escreveu na história, e pode nos falar sobre nós mesmas – ele tem as respostas.

Isso pode parecer óbvio, mas você e eu não somos como árvores, flores, cães, gatos ou elefantes. Nós refletimos Deus. Claro que só Deus é perfeito; só ele pode ser totalmente amoroso, justo, paciente e bondoso. Mas nós também carregamos esses atributos. Embora não sem falha, você e eu podemos ser criativas, sábias, verdadeiras, misericordiosas, boas, entre muitas outras coisas que Deus é.

Como todos os seres humanos em todos os lugares são feitos à imagem de Deus, todos eles têm um valor imensurável. Essa verdade é a razão pela qual os cristãos são (ou deveriam ser) tão apaixonados pelas questões da vida: aborto, eutanásia, ajudar refugiados, combater o racismo, aliviar a pobreza, tornar a educação acessível e fornecer pais para órfãos ao redor do globo. Somos levados a cuidar uns dos outros por causa da imagem de Deus em todos nós. Não somos como aves, abelhas, begônias e belugas.

O Criador do universo nos gerou de propósito e com um propósito. Como diz Colossenses 1.16: "pois, nele, foram criadas todas as coisas [...]. Tudo foi criado por meio dele e para ele". Nós fomos criadas por Deus e para Deus. Fomos feitas à imagem dele para refletir a imagem dele.

Criadas por ele: projetadas para sermos abastecidas por Deus

As palavras de Colossenses 1.15-20 são bem abrangentes. Paulo diz que todas as coisas foram criadas por Jesus, para Jesus e por meio de Jesus, e que ele é antes de todas as coisas e nele tudo subsiste. Ele não é apenas o Criador e o sustentador das nossas vidas, mas é também o nosso combustível.

Conhecer e fazer a escolha certa do combustível é vital se nós, ou qualquer organismo ou máquina, quisermos funcionar bem. Na verdade, a escolha do combustível é tão importante que não consigo abastecer meu carro sem ter um pouco de inquietação. Mesmo aqui nos Estados Unidos, onde aprendi a dirigir, o posto de gasolina me deixa ansiosa.

Onde morei, os rótulos do combustível muitas vezes não estão escritos em inglês e, geralmente, há quatro ou cinco opções para escolher. Abastecer acidentalmente um carro a diesel com gasolina sem chumbo, ou então um carro à gasolina sem chumbo com diesel cria enormes problemas. Já tivemos mais de um amigo que sofreu avarias na estrada e danos significativos no motor depois de fazer a escolha errada. Cada vez que abasteço, luto com o medo de arruinar o carro da nossa família.

A analogia aqui é clara. O combustível é importante. Não só para os carros, mas também para você e para mim. Nosso Criador, nosso doador da vida, pretendia que vivêssemos em um relacionamento com ele para sempre. Ele deve ser o nosso combustível.

Em seu amado livro, *Cristianismo Puro e Simples*, o autor C. S. Lewis disse: "Deus projetou a máquina humana para funcionar nele mesmo. Ele mesmo é o combustível que nossos espíritos foram projetados para queimar, ou o alimento do qual nossos espíritos foram projetados para se alimentar. Não há outro. É por isso que não é bom pedir a Deus que nos faça felizes à nossa própria maneira".[6]

Cerca de 1.500 anos antes de C. S. Lewis, o antigo pai da igreja, Agostinho, colocou isso de outra forma: "Tu nos fizeste para ti mesmo, e nosso coração está inquieto até que descanse em ti".[7]

Jesus falou de nosso relacionamento com ele em termos de *permanência*, ou seja, ficar ou residir. Ele disse: "Permanecei em mim, e eu permanecerei em vós [...] sem mim, nada podeis fazer" (Jo 15.4-5). O doador da vida também pretende ser o sustentador da vida em um eterno relacionamento conosco, humanos, suas criaturas únicas e especiais.

Nós, mulheres do século XXI, temos funcionado com o nosso próprio combustível, ao invés de funcionarmos com o combustível do nosso Deus. Temos sido abastecidas pela autoajuda, autocapacitação e autorrealização. O combustível do *eu* se esgotou, e é por isso que estamos cansadas e desencorajadas e até mesmo em crise.

Chega de falar de mim. E chega de falar sobre você. Se quisermos continuar funcionando, precisamos nos mover com o combustível que fomos criadas para usar – o próprio Deus. Ficaremos realmente inquietas até que o façamos.

---

6 C. S. Lewis, *Cristianismo puro e simples* (Rio de Janeiro, RJ: Thomas Nelson, 2017).
7 Agostinho, *Confissões*, (Jandira, SP: Principis, 2019), conforme citado em Smith, *Você é Aquilo Que Ama*.

Criadas para ele: projetadas para glorificar a Deus

A Bíblia diz que não só fomos criadas por Deus, mas que também fomos criadas *para* Deus. Fomos feitas para a glória dele. Como disse o profeta Isaías: "Trazei meus filhos de longe e minhas filhas, das extremidades da terra, a todos os que são chamados pelo meu nome, e os que criei para minha glória, e que formei, e fiz" (Is 43.6-7).

Viver para a glória de Deus é viver de tal forma que o exiba. É uma maneira de viver que honra a Deus e mostra ao mundo quem e como ele é. Aquelas de nós que o conhecem são chamadas a revelá-lo aos outros.

Não fomos feitas para glorificar a nós mesmas, mas para glorificar o nosso Criador. Jesus foi claro a esse respeito no Sermão do Monte: "Assim brilhe também a vossa luz diante dos homens, para que vejam as vossas boas obras e glorifiquem a vosso Pai que está nos céus" (Mt 5.16).

Deus nos fez para sermos criadoras de luz, e o refletor deve estar apontado para ele.

O apóstolo Paulo disse: "Pois somos feitura dele, criados em Cristo Jesus para boas obras, as quais Deus de antemão preparou para que andássemos nelas" (Ef 2.10). A obra que está em nossas vidas foi colocada nela por Deus. E nós devemos trabalhar para ele. Há um propósito em nossa labuta – uma razão para os nossos altos e baixos.

Se você alguma vez se perguntar para o que está aqui, há uma resposta muito boa. Deus a fez de propósito e para um propósito. Você está destinada a permanecer nele, a estar em um relacionamento com ele. Você carrega a imagem dele e ele quer que você o reflita para os outros. Você não está apenas batendo ponto no seu emprego, trocando fraldas, indo à escola, subindo a escada corporativa, frequentando a reunião de pais e mestres ou fazendo as coisas no modo automático sem motivo nenhum. Você e eu estamos em nossos papéis específicos para nos tornarmos mais parecidas com o nosso Criador e para revelá-lo a um mundo que a observa.

É assim: Minhas três filhas biológicas de olhos castanhos têm olhos tão escuros que você não consegue distinguir suas íris de suas pupilas. Os olhos delas vieram do pai, cuja herança italiana é inegável. Meus olhos, por outro lado, são azuis, então quando as pessoas veem minhas filhas, elas veem meu marido, não a mim. Não há dúvida de que elas pertençam a ele.

Esse também é o nosso propósito – parecermo-nos com nosso Pai. Sermos inconfundivelmente parecidas com ele. Devemos "ser imitadores de Deus, como filhos amados" (Ef 5.1). Nosso Pai é o doador da vida. À medida que nossas vidas apontam os outros de volta para ele, nós os apontamos para a fonte deles e para o combustível com o qual eles podem viver e prosperar.

A Queda:
quando acreditamos pela primeira vez que poderíamos ser como Deus

O *canto da sereia do eu* é tão velho quanto nós, seres humanos. A pergunta favorita de Satanás é a primeira pergunta, *É assim que Deus disse?* (Gn 3.1). A serpente queria plantar em Adão e Eva a semente da dúvida: se Deus estava pensando no que era melhor para eles. O objetivo de Satanás era fazer os humanos se perguntarem se Deus estava retendo algo deles, se eles não mereciam algo melhor do que aquilo que Deus lhes estava fornecendo.

A serpente disse a Eva, *Você não vai morrer se comer o fruto da árvore; você só vai ser como Deus. Você não precisa se preocupar com nada. Você não quer ser como Deus? Vá em frente e dê uma mordida* (Gn 3.4-5).

Quando os primeiros seres humanos caíram na mentira da serpente no início de Gênesis 3, a imagem de Deus em nós foi manchada. A vida no Jardim, a vida em constante comunhão com o nosso Criador, acabou.

Lá no Jardim, nós acreditamos e continuamos a acreditar hoje que podemos ser como Deus. Lewis escreveu:

> O que Satanás colocou nas cabeças dos nossos ancestrais remotos foi a ideia de que eles poderiam 'ser como deuses' – que poderiam se estabelecer por conta própria como se tivessem criado a si mesmos – ser seus próprios mestres – inventar algum tipo de felicidade para si mesmos fora de Deus, à parte de Deus. E dessa tentativa inútil veio [...] a longa e terrível história do homem tentando encontrar algo diferente de Deus que o fará feliz.[8]

É aí que muitas de nós estamos hoje. Estamos presas na Queda. Não fomos além de nossa crença de que podemos ser nosso próprio deus. A imagem de Deus em nós foi desfigurada a ponto de não acreditarmos que alguma vez já a tenhamos carregado.

A questão a que temos que chegar, no entanto, é esta: *Essa é quem eu realmente sou?* Ou, como Rosaria Butterfield

---

8 Lewis, *Cristianismo Puro e Simples*.

escreve: "Foi assim que a queda de Adão me fez? Essa é a minha identidade autêntica ou a minha identidade distorcida vinda por meio do poder do pecado de Adão [...], fazer com que meus sentimentos profundos e primordiais sejam não confiáveis e não verdadeiros?"[9]

Em outras palavras, essa pessoa caída é *quem* eu sou ou *como* eu sou?[10]

Será que sou mais do que uma mãe impaciente? Mais do que uma trabalhadora orgulhosa? Mais do que uma cobiçadora das coisas boas do meu próximo? Mais do que uma adúltera? Mais do que uma mentirosa? Mais do que uma assassina? Mais do que uma esposa, filha ou irmã furiosa? Esses pecados são aquilo que me define, ou eles são pecados que me distraem de quem sou criada e redimida para ser?

A Queda trouxe a natureza do pecado para as nossas vidas, mas nós não fomos originalmente criadas dessa maneira. A redenção constrói uma ponte de volta ao que Deus pretendia, e um dia chegaremos plenamente lá quando ele trouxer restauração.

Redenção: Deus faz um caminho

A graça de Deus – a Redenção – aparece logo depois da Queda. Em Gênesis 3.15, Deus promete uma salvação futura que virá através de Jesus, o qual ferirá a cabeça de Satanás, derrotando-o para sempre.

Saiba disto: Deus não é apenas o nosso Criador, mas é também o nosso Redentor. Ele nos deu a vida e, quando nos

---

9   Rosaria Butterfield, *O Evangelho e as Chaves de Casa: Praticando uma Hospitalidade Radicalmente Simples em um Mundo Pós-Cristão* (Brasília, DF: Monergismo, 2020).
10 Butterfield, *O Evangelho e as Chaves de Casa*.

rebelamos, interveio para nos salvar. Ele é o autor e o resgatador; o Criador e o Salvador. Exploraremos mais essa notícia imensamente boa no próximo capítulo.

Restauração: o paraíso perdido será restaurado

Você sabia que o nosso mundo atual, caído e quebrado, não é tudo o que existirá? O céu e a terra serão restaurados. Randy Alcorn, em seu livro *Heaven*, chama esta vida de *vida de antes*. Nossa vida que é chamada de *vida após a morte* é *a* vida pela qual todos esperamos.[11] A vida atual é apenas a pré-festa, amigas.

Esta vida não é tudo o que existe. Parte de sermos feitas à imagem de Deus significa que viveremos para sempre. O paraíso perdido será restaurado.

O apóstolo João escreveu sobre a nossa esperança futura: "Eis o tabernáculo de Deus com os homens. Deus habitará com eles. Eles serão povos de Deus, e Deus mesmo estará com eles. E lhes enxugará dos olhos toda lágrima, e a morte já não existirá [...] E aquele que está assentado no trono disse: Eis que faço novas todas as coisas" (Ap 21.3-5).

Sentimos isso em nossos ossos, não é mesmo? No fundo, sabemos que o hoje não é tudo. Sabemos que algo foi perdido e precisa ser restaurado. Nosso palpite está certo. Vivamos à luz dessa realidade.

Esses quatro movimentos compõem a grande história da Bíblia. Deus nos criou, nós nos rebelamos contra ele, ele nos redimiu e, um dia, tudo será restaurado. Essa grande história sobre Deus é também a nossa história porque fomos feitas à imagem dele.

---

11 Randy Alcorn, *Heaven* (Carol Stream, IL: Tyndale, 2004), 415.

Devemos saber que somos parte dessa história antes de podermos saber o que devemos fazer. Ao nos amarrarmos a essa história – reconhecendo que fomos criadas de propósito para um propósito – é que vamos prosperar.

Deus diz, *eu a fiz à minha imagem para viver para a minha glória*. A cultura diz: *Seja feita à imagem que você quiser e viva para a sua própria glória*. Esse é um chamado falso, e está nos matando.

A comunhão com o divino nos dá alegria

Minha família e meus amigos me conhecem por algo que eu digo quase diariamente. Sendo nativa do Colorado e amante das montanhas, sou conhecida por exclamar: "Banqueteiem seus olhos, crianças!"

Quer estejamos na estrada ou no meio do trabalho de jardinagem, a beleza das montanhas rochosas me detêm em meus caminhos o tempo todo. Eu simplesmente preciso dizer isso. E agora as pessoas em minha vida o dizem umas às outras.

A exclamação "pegou" em nossa comunidade por causa daquilo para o que ela aponta. Não é só porque a majestade roxa da montanha é agradável de se ver. É que aquelas montanhas nos fazem sentir pequenas, e apontam para algo – alguém – grande. Elas professam seu Criador. Elas proclamam que Deus é poderoso, enorme e capaz. Se ele pôde fazê-las, então ele pode nos segurar em suas mãos. Mesmo as montanhas, aparentemente apenas grandes rochas, apontam para além delas mesmas.

Você e eu queremos viver para além de nós mesmas, não é? Desejamos um propósito e um poder que sejam maiores que nós, participar de algo que realmente importa. Fomos criadas para a transcendência. Fomos criadas para desejar um sentido que ultrapasse nossas vidas e nossos próprios limites.

Refletindo sobre a nossa inclinação natural para a transcendência, Tim Keller ouve de novo as palavras de Agostinho: "Quer reconheçamos ou não a Deus, uma vez que fomos criados para isso, sempre buscaremos a alegria infinita que fomos projetados para encontrar em comunhão amorosa com o Divino".[12]

Você compreendeu isso? Fomos projetadas para encontrar alegria na comunhão amorosa com o Divino.

Encontramos alegria quando investimos em nosso relacionamento com Deus, quando reconhecemos que temos um Criador e procuramos viver para sua glória. Tanto nos altos quanto nos baixos da vida, quando reconhecemos de onde viemos e para o que estamos aqui, ele nos dá alegria.

Talvez você sinta isso durante os doces altos da vida. Talvez você sinta alegria quando olha para o oceano, ou quando vê seu bebê sorrir, ou quando se conecta profundamente com outro ser humano de um contexto completamente diferente do seu, ou quando contempla as cores loucas no aquário, ou quando percorre o corredor da igreja no dia do seu casamento. Essa alegria é profunda porque nos transcende. Ela nos conecta ao Deus que nos fez e que fez a própria coisa que estamos experimentando.

É fácil suspeitar que Deus está presente e que é bom, que ele é um Criador bondoso que permanece conectado a nós quando experimentamos os altos da vida. Mas ele também está presente nos pontos baixos. Eu penso em Corrie e Betsie

---

12 Augustine, *The City of God*, trans. Henry Bettenson (London: Penguin Books, 1972), 637 (book 15, chap.23), conforme citado em Keller, *Making Sense of God*, 90.

ten Boom. Corrie e Betsie eram cristãs na Holanda quando os nazistas varreram a Europa, aprisionando e exterminando judeus e outras pessoas consideradas indesejáveis. Com seu pai, as dez irmãs Boom esconderam judeus em sua casa e acabaram sendo descobertas e enviadas para o mortal campo de concentração de Ravensbrück.

Em *O refúgio secreto*, Corrie escreveu sobre a alegria permanente de Betsie em Deus, mesmo em meio as suas terríveis provações.[13] Ela conta que, em uma noite, Betsie levou a sério as palavras das Escrituras. Ela acreditava que mesmo em um campo de morte, eles deveriam regozijar-se sempre e, em tudo, dar graças (1Ts 5.16, 18). Então Betsie orou e agradeceu a Deus por tudo o que podia pensar: que ela e Corrie estavam juntas, que tinham uma Bíblia proibida com elas, que outras mulheres podiam ouvi-las lendo a Bíblia e, finalmente, pelas pulgas que as haviam assolado.

Não surpreendentemente, Corrie ficou horrorizada por sua irmã agradecer a Deus pelas pulgas. Mas Betsie acreditava que até mesmo as pulgas apontavam para o seu Criador e tinham um propósito. De fato, elas tinham. As mulheres souberam mais tarde que a presença das pulgas impedia que os guardas nazistas entrassem em seus quartéis, por medo de serem eles mesmos atormentados pelas pulgas. E, assim, as mulheres puderam continuar lendo a Bíblia e compartilhar o amor de Deus umas com as outras.

Não são apenas os heróis históricos da fé que experimentam a proximidade de Deus na dor. Minha própria sogra foi assolada pela ELA (também conhecida como doença de Lou

---

13 Corrie ten Boom, *O Refúgio Secreto* (Curitiba, PR: Publicações Pão Diário, 2016).

Gehrig) ao longo de três anos. Enquanto estava morrendo, envolta por uma dor indizível que seu medicamento já não podia mais diminuir, disse ao meu marido, seu filho, que ela não teria mudado nada. Ela havia sido tão ministrada pelo Senhor, havia sentido a presença e a paz dele em sua hora de necessidade, que não teria renegado a doença caso tivesse a capacidade de fazê-lo.

Da mesma forma, nosso querido amigo Doug partiu para a eternidade em tenra idade por causa de um câncer que age rapidamente. Ele deixou para trás uma esposa, cinco filhos adotados de lares temporários e um filho biológico pequeno e inesperado. Antes de morrer, a família de Doug sentou-se com uma multidão enquanto ele fazia um sermão, testemunhando a bondade de Deus em meio à sua doença. Eu escrevi as palavras dele na margem de minha Bíblia: "Eu sei que já fui curado. Com essa verdade, posso fazer qualquer coisa que Deus me pedir". Apesar de muito doente, Doug viveu – e até prosperou – por causa do seu relacionamento com seu Criador.

Muitos dos pontos mais baixos da vida não são tão pungentes como a ELA e o câncer. Eles são lentos e irritantes. O casamento complicado, o trabalho sem reconhecimento e mundano, a árdua jornada da adoção, a inesperada perda de emprego. Mas essas também são oportunidades para a alegria inesperada. Quando assumimos tais tarefas permanecendo no Senhor, continuando ligadas a ele, e ele nos dá o combustível e o contentamento – e sim, até mesmo alegria – quando menos esperamos. Exploraremos mais essa ideia nos capítulos 6 e 7. Quando somos abastecidas por Deus e buscamos honrá-lo em meio ao que é difícil, ele se faz conhecido por conceder alegria profunda.

Tanto os altos como os baixos da vida nos apontam para o nosso Criador. A majestade e a beleza, assim como a dor e as dificuldades, nos lembram de que somos seres transcendentes. Somos parte de uma história que excede a nossa própria.

O autor N. T. Wright diz que quando nos perguntamos: "Para que estamos aqui, afinal? A resposta fundamental é que estamos aqui para nos tornarmos genuinamente seres humanos, refletindo o Deus de quem fomos feitos à imagem e semelhança".[14] Ser nosso *eu* mais verdadeiro, caminhar em nossa identidade mais genuína, não vem de dentro. Ao contrário, vem de sermos alimentadas pelo nosso relacionamento com Deus e de vivermos para a glória dele. Como criaturas concebidas por ele e para ele, esse é o nosso melhor e mais verdadeiro *eu*. Viver de qualquer outra forma é um convite para a nossa própria queda.

Retornemos ao nosso Autor

Por conta própria, somos precárias. Nossas vidas são frágeis e dependentes de um suporte que não podemos controlar. Mas a verdade é que somos parte de uma grande – a mais grandiosa – história.

Não somos seres deslocados, rebeldes que devem confabular o próprio propósito e poder. E isso é uma notícia maravilhosa! Pertencemos a alguém, e esse alguém está ocupado fazendo algo em cada uma de nós e através de cada uma de nós.

A verdade de que somos seres dependentes, que fomos criadas por Deus e para Deus, é libertadora. Quando eu percebo que minha vida não é minha, que ela é feita pelo e para

---

14 N. T. Wright, *Eu Creio. E Agora?: Por que o Caráter Cristão é Importante* (Viçosa, MG: Ultimato, 2012), conforme citado em Smith, *Você é Aquilo que Ama*.

o meu Criador tão capaz, não preciso mais clamar para criar meu próprio sucesso. Não cabe a mim fazer-me grande. Eu estou nas mãos dele. E ele já é o maior.

Por causa da Queda, queremos depender totalmente de nós mesmas, mas Deus diz: *Vinde a mim*. Devemos voltar ao nosso Criador e reconhecer que a nossa vida, o nosso respirar e todas as outras coisas vêm dele – e isso é uma coisa boa. Essa notícia não é limitadora ou um obstáculo para o nosso prosperar. É a própria chave para nossa alegria sem limites. Como disse Agostinho, nossos corações ficarão inquietos até encontrarem descanso em Deus.

Voltemos ao nosso Criador, nosso Autor. Fomos feitas para ele e por ele, e somos chamadas a viver em um relacionamento com ele. Você e eu nunca prosperaremos apenas como *quem* somos; devemos conhecer e viver a partir da verdade *de quem* nós somos.

Perguntas para reflexão

1. A Bíblia trata primordialmente de quem? Qual é a grande história da Bíblia? Quais são os quatro grandes movimentos da grande história da Bíblia?

2. Quais são alguns dos pontos altos da vida que apontaram você de volta ao seu Criador? Quais são alguns dos pontos baixos que a apontaram de volta ao seu Criador?

3. Você concorda ou discorda do fato de que só pode encontrar alegria duradoura no relacionamento com Deus?

4. Você já experimentou esgotamento por tentar funcionar com seu próprio combustível – vivendo como se fosse seu próprio Criador e procurando dar glória a si mesma? Leia João 15.4-5 e reflita sobre o que significa para você permanecer diariamente em Jesus.

5. Cite algumas maneiras práticas de você dar glória a Deus em sua própria vida.

6. O seu comportamento pecaminoso e caído a define? Ou sua identidade está enraizada em quem você foi criada e redimida para ser? Por que essa distinção é importante?

7. Pense e responda à crença de Agostinho de que nossos corações estão inquietos até que encontrem descanso em Deus. Você tem esse descanso?

8. Leia o Salmo 16 e medite especialmente no versículo 11. Como isso é diferente da sabedoria do mundo? Peça ao Senhor que a ajude continuamente a seguir o verdadeiro caminho da vida.

3

Enraizadas em Cristo

Minha família morou, a partir de 2004, em uma ilha subtropical por cerca de dez anos. Como nativos do alto deserto do Colorado, meu marido e eu não estávamos preparados para cultivar a selva que era nosso quintal. E por cultivar, quero dizer, cortar a vegetação que constantemente ameaçava tomar conta de nossa casa. Pouco esforço era necessário para desfrutar o ano inteiro do hibisco, da grama verde grossa, do oleandro florido e de uma amoreira no pátio da frente. Mas era necessário muito esforço se quiséssemos manter um caminho livre para a nossa porta da frente ou para evitar que a videira crescesse sobre as nossas janelas. Nossas melhores ferramentas de gramado eram as catanas, que nós empunhávamos rotineiramente.

Uma das árvores mais prolíficas de nossa ilha era a *banyan*. A *banyan* é facilmente reconhecida por causa das raízes que crescem dos galhos altos das árvores e depois chegam até o solo. Você já viu alguma vez uma árvore que cresce com raízes do alto? As raízes descem de todos os lados. E não apenas algumas raízes – mas o suficiente para criar uma espécie de gaiola ao redor do tronco da árvore.

Minhas filhas, quando pequenas, adoravam brincar dentro das *banyans*. As raízes acima do solo formavam um lugar mágico, um pequeno reino onde elas podiam brincar de faz de conta. Embora as crianças possam amar as *banyans*, qualquer pessoa que queira fazer a manutenção da sua propriedade sente exatamente o contrário. Diariamente, os jardineiros – cobertos por roupas protetoras da cabeça aos pés – batem nas raízes, tentando manter a separação entre o solo e o topo da árvore.

Cada raiz que pende do galho da *banyan* é, na realidade, uma nova árvore. É a evidência de uma semente que se aninha em uma fenda de um dos galhos da árvore. Por causa da umidade disponível na árvore e no ar, essa pequena semente facilmente desenvolve raízes e as atira ao chão, numa tentativa de se estabelecer como uma nova árvore. Se ninguém arrancar essas raízes, as *banyans* se multiplicarão e criarão uma selva densa e impenetrável.

O solo subtropical é rico, vermelho e sempre úmido. A terra rica em nutrientes dá suporte a uma extravagante selva de *banyans*, sem problemas. Mas aqui no Colorado, meu marido e eu olhamos para o nosso quintal com grama parda nova e balançamos a cabeça. Nós fertilizamos, arejamos e a regamos constantemente. Tentamos com todas as nossas forças criar o gramado verde exuberante retratado nos sacos da boa terra que compramos. Mas a realidade é que as raízes têm dificuldade para encontrar um lar em nosso solo desértico e seco.

As raízes importam, o solo importa

As plantas precisam estar enraizadas para poderem viver. E o solo deve estar do jeito certo para que elas possam prosperar. As raízes são importantes. O solo é importante. Sem o tipo certo de solo, as raízes morrem e as plantas perecem.

E assim é conosco, humanos, e nossas vidas frágeis. Sem raízes profundas no tipo certo de solo, nós perecemos.

Vários anos antes de nossa aventura na ilha, quando me achei no chão do dormitório universitário, incapaz de me recuperar, eu estava definhando. Minhas raízes não eram capazes de me sustentar porque estavam procurando nutrição no solo errado. As raízes da minha alma não podiam crescer profundamente nutrindo-se do meu Criador e Salvador, porque o solo não era bom. Ele estava contaminado.

Embora houvesse coisas boas ali – eu acreditava em Deus e já tinha feito minha profissão de fé em Jesus como meu Salvador quando tinha onze anos de idade – a verdade foi contaminada por muitas toxinas. Minha alma precisava de solo puro e não da duplicidade na qual eu vinha vivendo.

Foi preciso uma crise, chegar ao fim de mim mesma, uma completa debilitação, para que eu percebesse que meu modo de vida corrente não era sustentável.

Dividida

Eu cresci dividida. Meus pais se divorciaram quando eu tinha oito anos, e meu tempo foi dividido entre eles até que fui para a faculdade. Uma semana com minha mãe e uma semana com meu pai. Minhas ambições também foram divididas. Trabalhar arduamente e divertir-me intensamente. Eu queria boas notas e papéis de liderança, mas também credibilidade social. Até mesmo minha jovem vida espiritual era dividida. Eu ia à igreja quando não havia algo socialmente mais urgente a fazer. Seguindo a sabedoria do mundo, mantive minhas opções em aberto.

Esse estilo de vida funcionou por um longo tempo. Olho para a minha infância e adolescência com carinho. Foram dias divertidos. Mas eles estavam contados. Deus, em sua misericórdia, fez com que esses objetivos divididos acabassem por soar ocos. Eu não estava consciente de minhas emoções mutáveis até tornar-me um monte esparramado e imóvel no chão do meu dormitório. Os sucessos acadêmicos e sociais que eu tinha desfrutado não estavam dando o "barato" a que eu estava acostumada.

Pela primeira vez, meus olhos estavam sendo abertos para a futilidade de minha vida dividida. Meus pés estavam em dois mundos. Um pé corria atrás de elogios, títulos, um trabalho dos sonhos, riqueza futura e fama. O outro pé meio que entrava e saía da igreja com alguma ideia de que Deus era importante, mas não convencida de que ele importava mais do que aquilo que o mundo tinha a oferecer.

Na época, eu não conhecia as palavras de Jesus, mas elas estavam se passando em minha própria vida: "Se uma casa estiver dividida contra si mesma, tal casa não poderá subsistir." (Mc 3.25). Minha vida dividida estava se desmoronando ao meu redor. Deus permitiu que meus esforços mundanos se provassem falidos para que eu pudesse clamar por ele e encontrá-lo.

Eu estava misturando o doce solo do meu Salvador com o solo tóxico da sabedoria do mundo e das minhas próprias buscas egoístas. Na verdade, eu era uma "duplicidade de coração"[1]. Eu queria um pouco do que Jesus tem a oferecer – alguns nutrientes e coisas boas para me fazer viver – mas não tanto ao ponto de querer que Deus purificasse o solo e me capacitasse a priorizar sua vontade acima dos prazeres do mundo.

Eu era a boa cristã americana. Como Tim Keller aponta, a maioria dos americanos tende a pensar que "o melhor tipo de cristão seria alguém no meio, alguém que não vai até o fim, que crê, mas que não é dedicado ao cristianismo"[2]. Queremos apenas fé suficiente para nos tornarmos pessoas boas, morais, que estão *do lado certo da história*, como adoramos dizer. Mas não queremos ser fanáticos – pessoas designadas à margem – aquelas que realmente acreditam na Bíblia e vivem de acordo com ela. A opinião popular nos diz que essas pessoas são estranhas e extremistas, e que suas opções de estilo de vida, riqueza e status são limitadas pelas proibições de Deus.

Mas Jesus nos diz que uma casa dividida contra si mesma certamente cairá (Mc 3.25). Nossos pés não andarão no mundo e com Cristo. Os caminhos são divergentes. Somos forçadas a escolher um caminho em detrimento do outro.

E essa bifurcação na estrada – o momento quando percebemos que não podemos viver uma vida dividida – é um presente de misericórdia. É uma ferramenta nas doces mãos do nosso amoroso Deus para nos atrair a si. Naquele

---

1 John Calvin, *A Little Book on the Christian Life*, trans. Aaron Denlinger and Burk Parsons (Sanford, FL: Reformation Trust, 2017), 16.
2 Timothy Keller, *A Fé na Era do Ceticismo: Como a Razão Explica Deus* (São Paulo: Edições Vida Nova, 2015).

momento em que estamos ofegantes no chão, ele está dizendo: "Vinde a mim [...] e achareis descanso para a vossa alma" (Mt 11.28-29).

Aquele momento

Todas nós temos aquele momento em que chegamos ao fim de nós mesmas. Para os cristãos, esse momento deve nos conduzir a Cristo. Sem esse momento, continuamos em nossas próprias forças, perseguindo nossos próprios objetivos, comportando-nos como se pertencêssemos a nós mesmas. É sua graça a nós dirigida quando nossas raízes murcham em solo falso. A crise de infelicidade que tantas mulheres atravessam atualmente, descrita no capítulo 1, é um presente de Deus. É a luz no painel do carro nos avisando que algo está errado. É a grama em desvanecimento dizendo ao jardineiro que o solo não é bom.

Naquele momento, quando estamos no fim das nossas cordas, muitas afundam os pés e insistem que o nosso caminho é o caminho certo. Nós redobramos nossos esforços, reafirmamos nosso caminho focalizado em nós mesmas, determinadas a ter a vida dupla – nossos objetivos, sonhos e *mais* um pouco de Jesus, quando necessário.

A autora Gloria Furman diz: "As correias da autorretidão são cadeias"[3]. Tentamos nos puxar para cima, mas em vez de sermos libertas, somos escravizadas. Esforçamo-nos mais, corremos mais rápido e giramos nossas rodas em uma tentativa exaustiva de criar nossa própria retidão – a vida, a liberdade e a alegria que sempre quisemos.

---

3 Gloria Furman, *A Esposa do Pastor: Fortalecida pela Graça para uma Vida de Amor* (São José dos Campos, SP: Fiel, 2018).

Em vez de encontrarmos a liberdade, nós cavamos buracos, como escreveu C. S. Lewis. Ele disse que nos comportamos como se pertencêssemos a nós mesmos, e isso nos leva ao caminho errado, nos coloca no andar térreo e nos leva ao ponto de querermos começar de novo, para sairmos de nossos buracos.[4]

Deus nos dá mais do que podemos suportar

Sem dúvida, você já ouviu o reconfortante gracejo americano, *Deus nunca nos dá mais do que podemos suportar*. E talvez você tenha pensado consigo mesma: *Será? Porque isso parece muito mais do que eu posso suportar*. Estou com você – em minha experiência, Deus muitas vezes nos dá muito mais do que aquilo com o qual nos sentimos confortáveis a fim de que possamos clamar a ele. Essas crises, essas encruzilhadas, são um chamado para "[buscarmos] a Deus se, porventura, tateando, o [possamos] achar, bem que não está longe de cada um de nós" (At 17.27).

Esse voltar-se para Deus é uma espécie de morte. No final das contas, nós percebemos que não podemos dar conta de nós mesmas, de nossas almas, de nosso futuro, de nosso contentamento. Precisamos de algo, alguém, fora de nós mesmas. Precisamos do nosso Criador, que é também o nosso Redentor, nosso resgatador, nosso portador de carga.

Os momentos em que nos damos conta de que precisamos de um Redentor são tão diversos quanto nós. Para algumas, ele vem em uma cama de hospital ou após um

---
4 C. S. Lewis, *Cristianismo Puro e Simples* (Rio de Janeiro, RJ: Thomas Nelson, 2017).

trauma. Para outras, Deus intervém através de amigos, ou circunstâncias, ou mesmo de sonhos. Deus pode atraí-la quando menos espera – quando você atingiu um objetivo e um pináculo na vida e essa conquista não tem um sabor tão doce quanto você pensava que teria. Mesmo aquelas que cresceram em lares cristãos devem enfrentar momentos em que o Senhor lhes dá mais do que elas podem suportar.

Todas nós nos encontramos no chão vez por outra, ou mesmo várias vezes. Pode ser a morte de um ente querido, um casamento quebrado que não prevíamos, um aborto espontâneo, nosso próprio fracasso moral e a chocante queda na tentação, ou viver longe de casa e dos nossos métodos habituais. Todas nós devemos escolher se vamos clamar por Deus e encontrá-lo ou se vamos confiar em nossa própria força, em nossa própria sabedoria, em nosso próprio apoio criado pelo homem.

Como disse Lewis, nos encontramos em um buraco que cavamos. Todas as pessoas que já pisaram sobre a terra procuraram cuidar de suas próprias vidas, de suas próprias circunstâncias, de seus próprios futuros, de seus próprios caminhos. Mas Deus, em sua misericórdia, nos dá mais do que podemos suportar para que possamos clamar por ele, buscá-lo e encontrá-lo.

Será que vamos entregar as próprias pás que cavaram nossos buracos? Será que nos renderemos? Permitiremos que Deus nos ajude? Será que nos arrependeremos?

Sua vida não é sua

Conforme compartilhei na introdução deste livro, o Senhor me deu mais do que eu podia suportar quando estava na faculdade. Foi a primeira vez, mas certamente não a última, em que fui incapaz de consertar a mim mesma. Antes daquele momento em minha vida, quando as coisas estavam difíceis, quando as circunstâncias me derrubavam, eu era capaz de sair dessas situações. Estava acostumada a sair de um mau humor, de uma época ruim ou de qualquer outra coisa. Mas não naquele momento. A tristeza que Deus me deu estava além de mim.

Na providência de Deus, peguei a Bíblia empoeirada que havia levado comigo para a faculdade, mas que nunca tinha aberto. Parecia que naquelas páginas o Senhor queria me oferecer cura, plenitude e liberdade. Mas também senti em meu coração que ele me queria inteira – não apenas a Jen da manhã de domingo, não apenas a Jen que às vezes ia ao grupo de jovens, não apenas a Jen que era moral quando convinha.

À medida que eu emergia daquela época de tristeza, algumas das palavras do apóstolo Paulo escritas à igreja de Corinto ficaram comigo. Ele disse: "Acaso, não sabeis que o vosso corpo é santuário do Espírito Santo, que está em vós, o qual tendes da parte de Deus, e que não sois de vós mesmos? Porque fostes comprados por preço. Agora, pois, glorificai a Deus no vosso corpo" (1Co 6.19-20).

"Não sois de vós mesmos" me atingiu imediatamente. Fiquei assustada com a verdade de que, por ter sido criada por Deus, ele tinha uma palavra a dizer sobre minha especialização universitária, minha vida social, com quem eu namorava, como gastava meu dinheiro e que carreira buscaria. De repente, tive a sensação de que ir a festas e beber álcool com menores de idade era muito errado. Perseguir uma carreira puramente baseada na renda que eu poderia gerar me pareceu vazio. Cristo em mim fez com que a busca por elogios mundanos e pela atenção das pessoas, coisas pelas quais eu tinha tanta fome, deixasse um gosto ruim na minha boca.

Essas palavras aos Coríntios se tornaram um versículo de vida para mim. Eu não sou de mim mesma. Eu fui criada e redimida por outra pessoa. É a respiração dele que está em meus pulmões. Nessa primeira temporada de receber mais do que eu poderia suportar, nessa crise que me colocou no chão, foi quando Jesus graciosamente me enraizou nele mesmo.

O que é o evangelho?

Se você já foi à igreja, provavelmente já ouviu a palavra *evangelho*. Talvez você já tenha ouvido falar do Evangelho de Mateus, ou do Evangelho segundo Marcos, ou do Evangelho de Lucas, ou ainda do Evangelho de João. Chamamos os primeiros quatro livros do Novo Testamento de "Evangelhos". *Evangelho* significa simplesmente boas-novas. Os primeiros quatro livros do Novo Testamento registram as boas-novas da vida, morte e ressurreição de Jesus. Eles são os relatos pessoais de Mateus, Marcos, Lucas e João, conforme eles testemunharam – ou entrevistaram testemunhas – sobre a vida de Jesus.

A palavra *evangelho* também pode ser usada para descrever as boas-novas compartilhadas na Bíblia. Para apreciar as boas-novas, porém, é preciso primeiro entender as más notícias. No capítulo anterior, exploramos o que significa ser criada por Deus para a glória dele. Mas todas nós demos as costas para Deus e perseguimos nossa própria glória. Ninguém valoriza o Senhor de acordo com o preço e o valor dele. Por termos nos afastado de nosso Deus santo e justo, merecemos a punição eterna. A Bíblia é clara: todos pecaram contra

Deus e todos estão destinados ao tormento no inferno (veja Rm 3.23; 6.23; Jo 3.36; 1Jo 5.12).

Mas Deus, sendo rico em misericórdia, criou um caminho para escaparmos do inferno. Jesus, que é Deus, desceu voluntariamente à terra e viveu uma vida perfeita e sem pecado. Ele, então, voluntariamente morreu numa cruz, suportando o castigo dos nossos pecados, e ressuscitou dos mortos, vencendo tanto o pecado quanto a morte, para que nós, que confiamos em Cristo como Salvador, pudéssemos escapar do inferno e, em vez disso, reinar com Jesus no céu (veja Efésios 2.1-10).

As boas-novas não terminam com nossa salvação e justificação – ou com a realidade de que Jesus levou nosso castigo ao nos dar sua justiça – mas continuam enquanto o Espírito Santo habita em nós e nos ajuda a valorizar Cristo mais do que a nós mesmas. À medida que somos santificadas, ou transformadas de dentro para fora a fim de nos parecermos cada vez mais com nosso Salvador, ficamos mais satisfeitas e alegres nele. As boas-novas culminam com o céu e a terra sendo reconciliados e restaurados por Cristo. Nós, que confiamos nele e o valorizamos, reinaremos com ele para todo o sempre (veja 2Tm 2.11-13).

Em um artigo intitulado "O que é o Evangelho Cristão?" o pastor e autor John Piper diz:

> Crer no evangelho não é apenas aceitar as verdades maravilhosas de que (1) Deus é santo, (2) nós somos pecadores sem esperança, (3) Cristo morreu e ressuscitou pelos pecadores, e (4) essa grande salvação é desfrutada pela fé em Cristo – mas crer no evangelho é também valorizar Jesus Cristo como sua riqueza inescrutável. O que torna o

evangelho em Evangelho é que ele leva uma pessoa para a alegria eterna e sempre crescente de Jesus Cristo.[5]

Crer no evangelho e confiar em Jesus como Salvador não é apenas escapar da condenação. É também ser despertada para a liberdade e a alegria disponíveis somente em Cristo. Quando cremos no evangelho, ele muda tudo. Nossa compreensão de nosso passado, presente e futuro é reorientada de um modo de vida focalizado em nós mesmas para um modo de vida focalizado em Jesus.

O que significa estar enraizada no evangelho?

Estar enraizada no evangelho é ser como as árvores *banyan* dos trópicos. As raízes das árvores são muitas. Elas brotam de todo lado e descem em direção ao solo rico em nutrientes. As árvores prosperam por causa de suas muitas raízes e do solo exuberante. O solo é perfeito – é *exatamente* aquilo de que esses organismos precisam. A nutrição faz com que as árvores cresçam altas e largas, e se reproduzam. As raízes de longo alcance permitem que as árvores se mantenham firmes em meio a ventos de furacões que açoitam os trópicos a cada ano. Mesmo as tempestades mais ferozes não podem desarraigar as *banyans*.

As raízes das árvores *banyan* ligam as árvores à sua fonte de vida, o solo. Também nós devemos estar enraizadas em nossa fonte de vida, que é o evangelho. Como cristãs, sabemos que o evangelho é a boa-nova da salvação. É o nosso resgate do inferno e a libertação para o céu.

---

5 John Piper, "What Is the Christian Gospel?," Desiring God website, 5 de junho de 2002, https://www.desiringgod.org/articles/what-is-the-christian-gospel.

Mas o evangelho também é a verdade que nos impulsiona e nos compele em todas as coisas. É o próprio fundamento de nossas vidas, nossa visão de mundo e compreensão da realidade. O evangelho é a verdade mais básica e importante para todas as pessoas. Colocar nossas raízes em qualquer outro solo nos faz murchar.

João Calvino escreve: "Pois a verdadeira doutrina não é uma questão de língua, mas de vida; tampouco a doutrina cristã é compreendida apenas pelo intelecto e pela memória, como a verdade é apreendida em outros campos de estudo. Ao contrário, *a doutrina é corretamente recebida quando ela toma posse da alma inteira* e encontra morada e abrigo nos mais íntimos afetos do coração".[6]

Em outras palavras, para crer na verdade do evangelho é preciso fazer mais do que consentir mentalmente com ela. A verdade do evangelho tem o objetivo de nos transformar. E se isso não ocorre, então nós não cremos realmente. O evangelho tem algo a dizer sobre como gastamos nosso tempo, em que gastamos nosso dinheiro, os objetivos que perseguimos, a carreira que buscamos, os hobbies que desfrutamos, a comida que comemos – tudo.

O evangelho diz que nós não somos de nós mesmas.

Paulo orou para que a Igreja estivesse arraigada

A palavra *arraigada* aparece em dois lugares na Bíblia. Ambas são encontradas nas cartas de Paulo a duas igrejas diferentes, as quais ele ajudou a estabelecer. Uma é à igreja em Éfeso e a

---
6 Calvin, *Little Book on the Christian Life*, 12–13. Ênfase adicionada.

outra é à igreja em Colossos. Em ambos os contextos, Paulo insta seus leitores a estarem arraigados no evangelho.

Primeiro, em sua carta aos Efésios, Paulo diz:

> Por esta causa, me ponho de joelhos diante do Pai, de quem toma o nome toda família, tanto no céu como sobre a terra, para que, segundo a riqueza da sua glória, vos conceda que sejais fortalecidos com poder, mediante o seu Espírito no homem interior; e, assim, habite Cristo no vosso coração, pela fé, *estando vós arraigados e alicerçados em amor,* a fim de poderdes compreender, com todos os santos, qual é a largura, e o comprimento, e a altura, e a profundidade e *conhecer o amor de Cristo,* que excede todo entendimento, *para que sejais tomados de toda a plenitude de Deus.* (Ef 3.14-19)

É possível ouvir o trabalho e o amor de Paulo pelos Efésios com essas palavras. Em primeiro lugar, ele diz que ora sinceramente por eles. Ele ora ao Pai de cada família, o que significa que todos nós somos criados por Deus. Paulo diz que pede a Deus que os encha de poder do Espírito Santo, para que Cristo possa habitar neles. Ele quer que eles sejam arraigados e alicerçados no amor – não um amor qualquer, mas o amor do Pai, que nos dá seu Filho e nos capacita pelo Espírito – que é o evangelho.

O amor de Cristo, que excede o entendimento, é comunicado de forma radical na mensagem do evangelho, o qual os Efésios creram pela fé e Paulo ansiava que compreendessem. Ele desejava que eles (e você e eu!) fossem preenchidos com a plenitude de Deus. O evangelho não é periférico. Não é secundário. Como seguidoras de Cristo, ele é destinado a ser o próprio centro de nossas vidas.

Paulo encerra sua oração com estas palavras poderosas: "Ora, àquele que é poderoso para fazer infinitamente mais do que tudo quanto pedimos ou pensamos, conforme o seu poder que opera em nós, a ele seja a glória, na igreja e em Cristo Jesus, por todas as gerações, para todo o sempre. Amém!" (Ef 3.20-21).

Quando cremos no evangelho pela fé, quando somos capacitadas pelo Espírito Santo, quando Cristo habita em nossos corações, quando estamos cheias da plenitude de Deus, então Deus é capaz de fazer infinitamente mais do que tudo quanto podemos pedir ou pensar! Esse é o poder do evangelho em nós. E quando esse poder está em ação, ele traz glória a Jesus através de todas as gerações.

Revisitaremos isso no capítulo 6, quando veremos o que significa ser estabelecida no evangelho. Quando estivermos enraizadas e edificadas em Cristo, seremos estabelecidas nele. Isso nos leva ao descanso no evangelho – um descanso que pode fazer muito mais do que jamais pedimos ou pensamos.

Em segundo lugar, em sua carta aos Colossenses, Paulo diz: "Portanto, *assim como recebestes Cristo Jesus, o Senhor, também andai nele, arraigados e edificados nele e confirmados na fé,* como fostes ensinados, sempre cheios de ações de graças" (Cl 2.6-7; A21).

Essa oração aponta para aquele momento em que os Colossenses se renderam ao Senhor e creram no evangelho pela graça, através da fé. Paulo diz que se você recebeu Cristo, enraíze-se em Cristo, seja edificada nele, estabeleça-se nele e cresça a partir daquele fundamento.

Receber Cristo, estar arraigada no evangelho, é um momento divisor de águas. Ele muda tudo. Ele toma posse de todos os que creem.

Raízes no evangelho, não neste mundo

Curiosamente, Paulo continua a partir dessa insistência para que os Colossenses sejam arraigados em Cristo com esta exortação: "Cuidado que ninguém vos venha a enredar com sua filosofia e vãs sutilezas, conforme a tradição dos homens, conforme os rudimentos do mundo e não segundo Cristo" (Cl 2.8).

A era do *eu* diz que a vida e o sentido começam e terminam conosco. Mas isso é puro engano e uma tradição centrada no homem.

Assim como os Colossenses, devemos estar conscientes da filosofia de nossa cultura e compará-la com a verdade do evangelho. O ar cultural que respiramos diz que se você acreditar em si mesma, será salva. Mas o verdadeiro evangelho diz: "Crê no Senhor Jesus e serás salvo" (At 16.31).

A verdade do evangelho de que Deus é ao mesmo tempo nosso Criador e Redentor é o único solo que nos alimentará. Quando chegamos ao esgotamento de nós mesmas, devemos examinar o solo no qual nossos corações se arraigaram. Estamos arraigadas em nós mesmas e neste mundo ou no poder daquele que nos fez e anseia por nos salvar? Será que o único Deus verdadeiro alimenta as nossas almas? Será que ele nos prepara para a vida e nos permite trazer-lhe glória? Ou nosso solo é tóxico?

Somente Deus pode nos tornar conscientes do que é tóxico em nosso solo. Somente ele pode nos mostrar que devemos buscar o sustento que vem apenas dele. Quando estamos arraigadas nele, arraigadas no evangelho, todo o nosso ser é transformado para sempre.

Há vários anos, enquanto estava sentada em uma mesa de almoço ao ar livre no sudeste asiático com um grupo de mulheres, assisti a minha amiga Shannon despertar para o evangelho. Nós mulheres estávamos ajudando a liderar um acampamento no orfanato onde minha filha adotiva havia morado. Em preparação para a viagem, tínhamos estudado o livro de Tiago. Nossa conversa na hora do almoço voltou-se para as palavras de Tiago, particularmente quando ele diz que a fé sem obras está morta (Tg 2.14-17).

O ponto que Tiago aborda é que a verdadeira fé se manifestará nas ações do crente. Aqueles que abraçaram a graça e a misericórdia de Jesus vão querer estendê-las a outros. Os verdadeiros cristãos serão compassivos e generosos. A conversa evoluiu das boas obras oferecidas aos necessitados para outras áreas da vida. As mulheres se animaram enquanto discutiam como a fé verdadeira é evidente no casamento, na maternidade, na carreira ou nos relacionamentos com a vizinhança do crente.

Shannon sentou-se escutando calmamente, seus olhos se desviando de uma mulher para a outra. Finalmente, ela empurrou para trás sua cadeira plástica e disse: "Acho que vou vomitar". Eu a segui enquanto ela se distanciava da mesa e colocava o rosto em suas mãos.

Depois de alguns minutos, ela disse: "Acho que não sou uma cristã. Eu creio no que a Bíblia diz, mas minha fé não influencia o resto de minha vida. Ela não influencia a vida de ninguém da minha família. Achamos que é verdadeira, mas ela nunca desempenhou um papel na forma como vivemos. Não posso acreditar que não sou cristã. Eu sempre pensei que fosse".

Que momento bom e alegre. Shannon tinha chegado ao fim de si mesma. Ela queria saber que passos deveria tomar em seguida. Eu a encorajei a simplesmente orar – dizer ao seu Autor e Redentor que ela estava grata pelo dom salvífico de Jesus e que queria receber esse dom e caminhar com ele pelo resto de seus dias. Bem ali naquele momento, no calor e no pó e com o resto das mulheres olhando, nós juntamos nossos braços, curvamos as cabeças, e ela orou.

Foi nesse momento que o evangelho tomou posse da alma de Shannon. Naquele solo sagrado, o Espírito Santo se moveu, deu-lhe nova vida, eternidade com ele, e alegria profunda e duradoura. Ela passou a estar arraigada em Cristo.

E o mesmo ocorre com todo aquele que crê: "Se, com a tua boca, confessares Jesus como Senhor e, em teu coração, creres que Deus o ressuscitou dentre os mortos, serás salvo. Porque com o coração se crê para justiça e com a boca se confessa a respeito da salvação" (Rm 10.9-10).

Esse arraigamento no evangelho é só o começo de uma jornada de toda vida que continuaremos a explorar no restante deste livro. Estar arraigada no evangelho não é o único passo para encontrar a alegria duradoura que você tem procurado, mas é o primeiro passo crucial.

Perguntas para reflexão

1. Você já viveu "aquele momento"? Qual é a sua história pessoal de chegar ao fim de si mesma e render-se a Jesus?

2. Quando Deus lhe deu mais do que você podia suportar?

3. Na seção acima "O que é o evangelho", quais versículos mexem com o seu coração?

4. Paulo disse aos Colossenses: "Portanto, assim como recebestes Cristo Jesus, o Senhor, também andai nele, *arraigados* e edificados nele e confirmados na fé" (Cl 2.6-7; A21). Como seria isso em sua vida neste momento? Em que áreas você precisa arraigar-se em Cristo Jesus?

5. Você atualmente tem tido dificuldade com uma vida dividida? Como suas irmãs em Cristo podem ajudá-la, fazê-la prestar contas e orar por você?

6. Responda à citação: "A doutrina é corretamente recebida quando ela toma posse da alma inteira e encontra morada e abrigo nos mais íntimos afetos do coração". De que áreas de seu coração você precisa permitir que a doutrina tome posse?

7. Leia e medite em Efésios 3.14-21. Ore esses versículos para si própria.

4

Você é o que você come

Uma das minhas amigas mais queridas é gêmea idêntica. Apesar de nos conhecermos há mais de vinte anos, nunca havia estado pessoalmente com a gêmea de Alivia até dois anos atrás. Eu tinha visto fotos de Alison, ouvido histórias a seu respeito e até falado com ela ao telefone. As fotografias e as vozes de Alison e Alivia pareciam idênticas para mim.

Quando Alison visitou nossa igreja com a família de Alivia, todos eles acharam que seria muito divertido pregar uma peça em mim. Você pode imaginar onde isso vai dar. Eis que entra "Alivia" com todos os seus quatro filhos. Ela veio até mim, com os braços bem abertos para me abraçar, como sempre faz. Eu soube imediatamente que algo estava errado. Antes que ela pudesse me abraçar, empurrei meus braços para frente e disse: "Espere, espere, espere. O que está acontecendo?" Todos nós caímos na risada enquanto Alivia espiava da esquina, e percebi o que eles estavam fazendo. Todas as crianças ficaram muito desapontadas por eu não ter caído na brincadeira.

Meu marido, por outro lado, ficou completamente pasmo. Mark estava se preparando para o culto quando Alison, não pregando nenhuma peça, se aproximou dele e estendeu a mão: "Mark, eu só queria me apresentar". Ele ficou se perguntando se Alivia tinha ficado louca. Aparentemente, Alison não parou de conversar enquanto meu marido ficava ali estupefato.

Quando minhas filhas viram Alison com todos os filhos de Alivia, andando à volta dela, supuseram, é claro, que ela fosse Alivia. Minha filha mais nova disse não saber dizer quem era quem. Minhas filhas mais velhas disseram que suspeitaram que Alison não era Alivia quando ela começou a falar.

Todos nós tivemos reações diferentes à gêmea de Alivia, com base em quão bem conhecíamos Alivia. Eu podia ver nos olhos de Alison que essa não era a minha amiga. Embora seu cabelo, seus maneirismos, sua roupa e até mesmo o modo como ela andava fossem semelhantes aos de Alivia, eu sabia que não era ela. E, embora Alivia tivesse estado em nossa casa durante anos com todos nós lá, minhas filhas e meu marido não tinham se sentado com ela, rido com ela e chorado com ela, como eu havia feito.

Muitas vezes, só podemos reconhecer uma falsificação quando conhecemos muito bem o original. Se não estivermos intimamente familiarizadas com o que é verdadeiro, não seremos capazes de detectar uma falsificação quando ela entrar e apertar a nossa mão. E assim é com a verdade espiritual. Se você e eu não estivermos intimamente familiarizadas com a forma como Deus se revelou e com a verdade através de sua

Palavra, corremos o risco de acreditarmos em falsificações quando elas forem apresentadas a nós como se fossem verdade.

Como vimos no capítulo 1, a ascensão do *eu* autônomo conquistou todas as nossas fronteiras culturais. Nós nos deificamos, e tudo o mais em nossa cultura deve se curvar. A igreja não ficou incólume à essa revolução. As falsificações entraram na igreja em pele de carneiro e nos pegaram desprevenidas.

Passamos de uma fé centrada em Deus para uma fé centrada no *eu*, sem nos darmos conta disso. Em algum ponto do caminho, em vez de perguntar: *Como posso servir a Deus*, começamos a perguntar *Como Deus pode me servir?*

Um relacionamento egocêntrico com Jesus

Embora essa mudança da centralidade em Deus para a centralidade no *eu* se deva em grande parte ao canto da sereia do *eu*, ela também foi inadvertidamente reforçada pela priorização bem-intencionada da igreja para que os crentes tenham um relacionamento pessoal com Jesus.

De fato, a rendição pessoal ao Senhor é crucial, conforme vimos no capítulo 3. "Esse momento" deve acontecer para todo cristão. Cada indivíduo deve estar enraizado em Cristo e permanecer em Cristo. Mas, assim como um derramamento de óleo no oceano, essa ênfase em um relacionamento *pessoal* tocou áreas que nunca deveria ter tocado.

Por exemplo, a convicção e o encorajamento corretos para que os crentes tenham um momento de solitude com o Senhor foram alterados de tal forma que "agora acreditamos que a Bíblia se dirige a nós imediatamente. Isso é claramente visto na exigência de devocionais que transformam versículos bíblicos em palavras encorajadoras particulares que Deus fala apenas a mim."[1] Em outras palavras, não mais nos esforçamos para estudar a Bíblia pelo que ela é: a Palavra de Deus. Em vez disso, procuramos palavras especiais que se destinam apenas à aplicação pessoal.

Eu me identifico com isso. Quantas manhãs, sonolenta, peguei a Bíblia e pedi a Deus que me desse um estimulante espiritual? Ou quantas vezes virei as páginas até encontrar a fala perfeita, o incentivo exato para a minha situação? Não é que essa abordagem seja totalmente errada, mas ela não é suficiente. Ela está muito focada em nós e não no autor.

O uso superficial das Escrituras na busca do que elas podem oferecer a você e a mim individualmente é destrutivo – porque não sabemos o que estamos perdendo. Ao comermos pequenos petiscos aqui e ali, nós perdemos o banquete que Deus pretendia nos servir. Em seu livro, *Saving the Bible from Ourselves* [Salvando a Bíblia de nós mesmos], Glenn Paauw diz que o nosso "foco é centrado no benefício pessoal e não centrado no sistema doutrinário [...] É duvidoso, porém, que quando Deus nos deu a Bíblia, sua intenção fosse que cortássemos e colássemos lembranças sagradas dela enquanto deixássemos a própria história para trás"[2].

O teólogo N. T. Wright chama isso de síndrome do "livro mágico", "cujo 'significado' tem pouco a ver com o que os autores do primeiro século pretendiam".[3] Em vez disso,

---

[1] Glenn Paauw, *Saving the Bible from Ourselves: Learning to Read and Live the Bible Well* (Downer's Grove, IL: InterVarsity Press, 2016), cap. 12, Kindle edition.
[2] Paauw, *Saving the Bible from Ourselves*, chap. 7, Kindle edition.
[3] N. T. Wright, *The New Testament and the People of God* (Minneapolis, MN: Augsburg Fortress, 1992), 4, conforme citado em Paauw, *Saving the Bible from Ourselves*, cap. 5, Kindle edition.

Wright diz que interpretamos a Escritura de acordo com o nosso próprio tipo de espiritualidade ou estilo de vida. Receio que sejamos culpadas das acusações. Insistimos em que a Bíblia só serve ao nosso momento particular, ao nosso dia, às nossas necessidades, aos nossos hábitos e, portanto, perdemos uma compreensão mais completa e profunda da grande história de Deus.

Vemos essa priorização do *eu* nas prateleiras das livrarias cristãs. O discipulado cristão se transformou, em grande parte, em autoajuda. Os livros são escritos e comercializados para ajudá-la a desenvolver um *eu* melhor. Em vez de expor a bondade de Deus, os títulos convidam você a ser o seu melhor *eu* e a viver a sua melhor vida.

O foco no *eu* também é visível na música popular cristã. Se você passar uma hora ouvindo as melhores canções cristãs no rádio, notará que muitos dos títulos e das letras são focados no *eu* em vez de serem focados em Deus. O que é problemático sobre a música de adoração priorizando o *eu* é que, como diz a líder de adoração Keith Getty: "O que cantamos se torna a gramática do que cremos"[4]. A música não é neutra – afeta nossas mentes, nossos corações e nossas almas. As canções centradas no *eu* reforçam a nossa carne natural centrada no *eu* e a nossa cultura centrada no *eu*.

Em suma, seja em nossos tempos de solitude, em nossos livros ou em nossa música, nós, cristãs, estamos em grande parte engajadas em um evangelho truncado. Em vez de buscarmos a liderança do Senhor, estamos buscando liderá-lo.

---

4 Joan Huyser-Honig, "Keith Getty on Writing Hymns for the Church Universal," Calvin Institute of Christian Worship, 1 de setembro de 2006, https://worship.calvin.edu/resources/resource-library/keith-getty-on-writing-hymns-for-the-church-universal/.

Em vez de nos submetermos ao Deus poderoso, estamos pedindo a ele que se submeta a nós.

Estamos tentando criar Deus à nossa imagem, em vez de caminhar como criaturas feitas à imagem dele. Em vez de perguntar: *Como posso servir a Deus*, estamos perguntando *Como Deus pode me servir?*

Big Macs vs. filé-mignons

É como se todas estivéssemos comendo uma dieta diária de Big Macs, enquanto filé-mignons estão disponíveis. Junk food é comestível. Você pode sobreviver alimentando-se dela por um tempo. Uma dieta constante de Big Macs não vai necessariamente matar você. Mas uma sequência de muitos dias de *fast-food* provavelmente a deixará sentindo-se doente e subnutrida.

Não apenas isso, mas pesquisas médicas recentes mostram que o *fast-food* é frequentemente viciante. Pesquisadores e médicos agora afirmam que os ingredientes dos *fast-foods* alteram a química em nossos cérebros para que queiramos mais.[5] Muitas de nós podemos testificar que ficamos presas em um ciclo de comer mal e, irracionalmente, desejamos mais do lixo.

Mas em nosso juízo perfeito – quando somos racionais e razoáveis, e gastamos o tempo necessário para tomar uma decisão calculada em vez de uma decisão precipitada que é governada pela fome que bateu – quem escolheria um Big Mac se um filé-mignon suculento, tenro e magro também estivesse disponível pelo mesmo preço e no mesmo lugar? Provavelmente todas nós escolheríamos o filé. Por que nos

---

[5] Mae Rice, "A New Study Shows the Scary Similarities between Junk Food and Drugs," Curiosity.com, 17 de agosto de 2018, https://curiosity.com/topics/a-new-study-shows-the-scary-similarities-between-junk-food-and-drugs-curiosity/.

banquetearíamos com *junk food* quando alimentos saudáveis, completos e nutritivos também estão na mesa?

Somos uma geração que foi criada com *fast food* espiritual e estamos doentes. É hora de nos sentarmos à mesa, ficarmos e cearmos o banquete que o Rei tem para nós. O evangelho é o alimento mais nutritivo que poderíamos ingerir para as nossas almas. E é desprovido do *eu*. Trata-se do Cristo crucificado, ressurreto e que voltará.

Para entendermos melhor sobre a comida ruim que precisamos cortar, vamos olhar para as refeições de *fast-food* que temos comido nas últimas décadas. Examinaremos o que há nessa comida que a torna não saudável. E depois vamos dar uma olhada na alternativa do filé-mignon. Esperamos, com a ajuda de Deus, que, ao final deste capítulo, você e eu estejamos motivadas a limpar nossas despensas espirituais e a nos comprometermos novamente com um sólido plano de alimentação.

O evangelho do "acredite em si mesma"

O ensino centrado no *eu* rastejou para dentro, montou acampamento e foi tão amplamente aceito que já nem sequer temos dificuldade com ele. O movimento *"acredite em si mesma"* é o *junk food* que percebo fazendo mais estragos hoje, por duas razões. Primeiro, ele é atraente. Somos naturalmente atraídas por nós mesmas. Em segundo lugar, ele é sutil e sorrateiro. O Faça Você Mesma está em voga em todas as áreas: reformas de casa, cursos online, cerimônias de casamento, ortodontia, diagnósticos e prescrições médicas. Por que não a espiritualidade ao estilo FVM?

O evangelho do "acredite em si mesma" está causando estragos na igreja, especialmente nos ministérios de mulheres. Esse falso evangelho diz que Deus quer que você seja feliz, que você é suficiente do jeito que você é, e que cabe a você alcançar isso dentro de si mesma para se tornar bem-sucedida e satisfeita.

Esse falso evangelho é o 'batuque' das jovens mulheres, profissionais, mães que trabalham, mães que ficam em casa e mães empreendedoras da atualidade. É um discurso motivacional agradável que damos a nós mesmas e umas às outras para conquistarmos mais um dia de faculdade, de vida solteira, de maternidade ou de vida de trabalho. "Apenas acredite em si mesma", nós ensaiamos. Temos até essa frase pintada nos travesseiros, nas canecas e em camisetas fofas. Essa frase está escrita em lousas, em *blogs* e em *feeds* do Instagram. Ela está em todos os lugares.

O movimento "acredite em si mesma" nasceu de dois outros falsos evangelhos que se infiltraram na igreja nas últimas décadas. Essas duas "refeições com valor extra" se fundiram, fazendo um poderoso combo ao qual é difícil resistir.

O primeiro é o Deísmo Terapêutico Moralista (DTM), que foi cunhado pela primeira vez em 2005, quando os sociólogos Christian Smith e Melinda Lundquist Denton entrevistaram cerca de três mil adolescentes e registraram suas descobertas em seu livro *Soul Searching: The Religious and Spiritual Lives of American Teenagers*[6] [Pesquisa da alma: a vida religiosa e espiritual de adolescentes americanos].

---

6 Christian Smith and Melina Lundquist Denton, *Soul Searching: The Religious and Spiritual Lives of American Teenagers* (New York: Oxford University Press, 2005).

O DTM pode ser resumido da seguinte maneira: existe um deus e ele quer que sejamos felizes com nós mesmas e simpáticas com os outros. Ele só é necessário quando um desses valores é ameaçado. E todas as pessoas boas vão para o céu quando morrem. Preciso concordar com os pesquisadores que concluem que "uma parte significativa do cristianismo nos Estados Unidos é, na verdade, [apenas] tenuamente cristã em qualquer sentido que esteja seriamente ligada à tradição cristã histórica real, mas está, ao contrário, substancialmente transformada no infame primo-irmão do cristianismo, o Deísmo Terapêutico Moralista Cristão"[7].

Não só os cristãos individuais estão ingerindo uma dieta de DTM, mas a cristandade institucional na América também a está consumindo. Albert Mohler comenta sobre o estudo: "Essa distorção do cristianismo criou raízes não apenas na mente dos indivíduos, mas também 'dentro das estruturas de pelo menos algumas organizações e instituições cristãs'"[8].

Isso significa que nossas igrejas, assim como nossas escolas e faculdades cristãs, nossos estudos bíblicos comunitários e ministérios cristãos de bairros estão reforçando as falsas mensagens do DTM. Em múltiplos contextos, os cristãos estão ouvindo que Deus quer que você seja feliz e legal, que ele ficará fora do caminho a menos que precise chamá-lo para qualquer um desses objetivos, e que, desde que seja uma boa pessoa, irá para o céu quando morrer.

---

[7] Smith and Denton, conforme citado em Albert Mohler, "Moralistic Therapeutic Deism—the New American Religion," 11 de abril de 2005, website Albert Mohler, https://albertmohler.com/2005/04/11/moralistic-therapeutic-deism-the-new-american-religion-2/.

[8] Mohler, "Moralistic Therapeutic Deism."

Isso soa como uma refeição que você comeu ultimamente? Ou uma que sua igreja ou seu livro de cabeceira têm servido?

Um segundo contribuinte para o movimento "acredite em si mesma" é o evangelho da prosperidade. Em sua forma mais básica, esse falso evangelho diz que você e eu podemos ser saudáveis e ricas se apenas tivermos fé suficiente. Você pode estar imaginando os exagerados pregadores de televisão que claramente se desviaram do ensinamento bíblico. Mas o evangelho da saúde e da riqueza é na verdade sutil e sinistro.

Isso emerge em uma crença não dita, mas amplamente difundida, de que Deus quer que eu seja feliz e bem-sucedida. Como filha dele, eu não deveria esperar sofrimento ou dificuldades nesta vida.

Mas esse falso ensinamento é contrário à Escritura. Jesus disse: "Se alguém quer vir após mim, a si mesmo se negue, tome a sua cruz e siga-me. Porquanto, quem quiser salvar a sua vida perdê-la-á; e quem perder a vida por minha causa achá-la-á. Pois que aproveitará o homem se ganhar o mundo inteiro e perder a sua alma?" (Mt 16.24-26).

Apesar do que relatam as Escrituras, o ensino da prosperidade "pode parecer uma inferência necessária de alguns textos e ensinamentos cristãos, e pode ser absorvido das atitudes de outros em uma comunidade".[9] Quer a afirmemos ou não, muitas de nós estamos subsistindo do evangelho da saúde e da riqueza e influenciando outros a fazerem o mesmo na prática de nossa fé de *fast-food*.

---

9 Timothy Keller, Making Sense of God: Finding God in the Modern World (New York: Penguin, 2016), 51.

Quebrando nosso vício em McLanche Feliz

O movimento "acredite em si mesma", o crescimento do DTM e o evangelho da prosperidade são as refeições que provavelmente mais pediremos nos dias de hoje. Ela é perigosa porque parece boa, tem um gosto bom e contém um pedaço de verdade. É realmente bíblico dizer que você e eu fomos criadas por um Deus bom que nos fez à sua boa imagem e nos deu bons dons, aptidões e habilidades para trabalharmos arduamente a fim de realizarmos muitas coisas enquanto estivermos aqui.

Mas esse pensamento se torna imediatamente falido quando confiamos em nós mesmas e nos voltamos para dentro de nós em busca de força. Ele passa a ser um falso evangelho porque é um evangelho interior. Na verdade, é uma forma de legalismo. Esperamos bênçãos baseadas em nossos próprios esforços autodidatas. Esperamos ganhar a nossa salvação cavando fundo e tentando mais arduamente. Ele diz "faça isso" e assim você "conseguirá aquilo". É uma receita para nos comportarmos de determinada forma a fim de alcançarmos certos resultados.

Vemos esse tipo de pensamento destilado na tese de um livro recente e popular. O autor escreve: "Você, e somente você, é o responsável final por quem se torna e por quão feliz é".[10] Em vez de estar em Cristo, o foco está no *eu*. Quando sucumbimos a esse paradigma, somos obrigadas a ser nossas próprias salvadoras.

Minha amiga Steph recentemente expôs os estilhaços desse falso ensinamento. Steph tem dois filhos pequenos e está no meio de uma época esgotante da vida da qual me

---

10 Rachel Hollis, *Girl, Wash Your Face: Stop Believing the Lies About Who You Are So You Can Become Who You Were Meant to Be* (Nashville: Nelson Books, 2018), xi.

lembro bem. É a estação em que um estirão de cinco horas de sono parece uma hibernação de inverno e uma ida sozinha ao shopping parece um dia no spa. Steph veio cansada e sobrecarregada para estudar a Bíblia em minha casa. Ela não conseguia conter as lágrimas.

Reagindo às mensagens de texto de seus amigos que acreditavam que ela precisava fazer mais para se sentir feliz, Steph disse: "Isso me deixa péssima. Isso me faz sentir como se tivesse que fazer tudo acontecer. Não consigo viver à altura do que minhas amigas estão me dizendo para fazer. Ainda nem tomei banho essa semana".

Você, eu e Steph nunca seremos resgatadas por causa do nosso bom comportamento. Nunca seremos capazes de escrever nossa própria felicidade. A alegria duradoura vem de Jesus, não de dentro. Como diz o autor e pastor Jared Wilson: "A essência da mensagem cristã não é 'comporte-se', mas 'contemple!'"[11].

O cerne do *junk food* espiritual é que ele nos diz como nos comportarmos em vez de nos chamar para contemplar. Contemplar quem? Jesus. Desvios do cristianismo bíblico podem ser detectados quando nos é dito para voltarmos nossas práticas e hábitos para dentro de nós mesmas, em vez de nos voltarmos para fora, para o nosso maravilhoso Salvador.

A confissão leva à alegria

O *junk food* espiritual prioriza a felicidade, mas não uma felicidade profunda da alma. É uma felicidade rápida, barata e fácil – assim como o seu equivalente físico de *fast-food*. Nossa força interior se esgota, nossa felicidade não dura e estamos

---

11 Jared C. Wilson (@jaredcwilson), Twitter, 7 de novembro de 2013, 12:41, https://twitter.com/jaredcwilson.

novamente com fome pouco tempo depois. Ficamos viciadas na mensagem de bem-estar e ansiamos por mais. Mas cada vez que a comemos, assim como uma droga, ela não vai tão longe quanto da última vez. Precisamos de doses mais altas a cada refeição para nos impulsionarmos e continuarmos marchando.

Aquilo do qual você e eu precisamos mais do que felicidade temporária é a alegria eterna. E a confissão é a porta de entrada. *Confissão leva à alegria.*

Quando confessamos que não somos suficientes; que não temos o poder dentro de nós mesmas para estarmos satisfeitas; que pecamos; que ficamos aquém das expectativas; que fazemos bagunça em nossas próprias vidas e na vida dos outros; que não podemos vencer nessa vida por nós mesmas; que Jesus é o único caminho, a única verdade e a única vida, então podemos finalmente voltar a respirar.

O ato de abrir mão não dá uma sensação boa? Sua vida não é sua. Você não é suficiente. Você não é tudo aquilo de que precisa. Mas Jesus está lá. E ele *é* suficiente. Ele é a sua vida. Ele é tudo de que precisa. Respire.

Nossa cultura permanece atraindo nossos olhos de volta para nós mesmas, mas eles pertencem a Jesus. Devemos reconhecer, confessar, arrepender-nos e repetir esse ciclo. O hábito e a prática da confissão e do arrependimento "repelem liturgias seculares de autoconfiança que, durante toda a semana, estão implicitamente ensinando você a 'acreditar em si mesma' – falsos evangelhos de autoafirmação que recusam a graça"[12].

Acreditar em si mesma é o mesmo que recusar a graça. É dizer ao Deus que a criou: *estou indo bem por mim mesma,*

---

12 James K. A. Smith, *Você é Aquilo que Ama: O Poder Espiritual do Hábito* (São Paulo, SP: Vida Nova, 2017).

muito obrigada. É recusar o amor, o perdão e o fortalecimento incondicionais do Senhor. Mas quando confessamos que *não somos suficientes*, aceitamos tudo isso. A confissão leva à alegria.

Chegar pela primeira vez ao fim de nós mesmas, à confissão e ao arrependimento nos leva "àquele momento" para o qual olhamos no capítulo 3 – quando nos enraizamos em Cristo. Quando somos primeiramente salvas pela graça. Mas é graça inicial e *graça para sempre*. Pela graça somos salvas e pela graça devemos caminhar. Pois o poder de Deus é aperfeiçoado na fraqueza (2Co 12.9-10).

Não apenas ingressamos em um relacionamento com Cristo pela graça, mas a graça é também a forma pela qual nosso relacionamento é sustentado. É um ciclo rotineiro de chegar ao fim de nós mesmas e de renovar nossas mentes no que é verdadeiro – confessando que falhamos e que carecemos de Cristo a cada hora.

Somos tentadas, a cada hora, a comer o *junk food* e não o filé-mignon. Somos facilmente enganadas, famintas demais para esperar, dispostas a nos vendermos para termos o *fast-food* ao invés de a bondade cozida em fogo baixo.

Ao estarmos enraizadas em Cristo, assim também devemos edificar a nós mesmas, ou obter a nossa nutrição, em Cristo.

Faça uma mudança de dieta: da eulogia para a teologia

A *eulogia* é a dieta de *junk food* da qual temos nos servido em nossa vida espiritual. A alternativa saudável que precisamos iniciar imediatamente é a teologia.[13] A teologia é o estudo de Deus. É o exame de seus atributos, habilidades, bondade e fidelidade bem como de quem ele é e do que ele já fez. A teologia é substancial, verdadeira e doadora de vida. Banquetear-se nela nos permitirá crescer mais fortes e mais semelhantes à imagem daquele que nos fez.

A *eulogia* é frágil, precária e dependente de você e de mim, que ficamos cada vez mais cansadas, exauridas e cometendo erros. A *eulogia* é apenas tão boa quanto nós. E nunca nos sentimos espertas o suficiente, disciplinadas o suficiente, bonitas o suficiente, dispostas o suficiente ou 'qualquer coisa' o suficiente.

Somos finitas. Jesus é infinito. Somos limitadas; ele é ilimitado. Somos egoístas; ele é abnegado. Precisamos dormir; ele nunca dorme. Somos fracas; ele é forte. A *eulogia* valoriza você e a mim. A teologia valoriza o Deus do universo que sustenta todas as coisas.

Quando centramos as nossas vidas e a nossa dieta espiritual na teologia ao invés de na *eulogia*, escolhemos renovar nossas mentes no ilimitado valor do nosso Deus, ao invés de no poder muito limitado de nós mesmas. Nós levantamos nossos olhos para longe de nós mesmas, longe do espelho e longe das contas das redes sociais, e os elevamos bem alto para o Rei que é sábio, capaz, bom, digno de confiança e verdadeiro. No próximo capítulo, estudaremos as formas práticas de fazermos isso.

---

13 Para mais informações sobre "*eulogia*" escute "Sacred Science", Philadelphia Lamp Mode Recordings, de Blair Linne, 9 de abril de 2013.

A ironia é que quando fazemos a mudança da *eulogia* para a teologia, nosso "senso de valor e dignidade que vem por meio da fé em Cristo é indiscutivelmente mais seguro"[14]. Nossa intuição diz que quanto mais priorizarmos a nós mesmas, melhor nos sentiremos acerca de nós mesmas. Mas, na realidade, quanto mais você e eu olhamos para nós mesmas, mais nos consideramos repugnantes, pois ficamos aquém.

Quando fixamos nossos olhos em Jesus, quando contemplamos nosso bom Deus e refletimos sobre o que ele fez, nossa autoestima é elevada. Lembramos que temos valor inerente como filhas criadas com amor. Lembramos que somos escolhidas, adotadas e amadas (veja Gl 3.26-27).

Em outras palavras, quando tiramos o foco de nós mesmas e o colocamos em Jesus, na verdade, acabamos com uma melhor autoimagem – porque ela depende daquele que nos criou, não de nós mesmas.

Por ser Deus o Autor de nossas vidas e o Redentor de nossas almas, nós prosperaremos quando o estudarmos, o conhecermos, o amarmos, nos enraizarmos e renovarmos nossas mentes nele. Banquetearmo-nos dele, contemplá-lo e fazer a mudança da *eulogia* para a teologia são a chave para o nosso bem-estar.

C. S. Lewis coloca da seguinte maneira: "Quanto mais tiramos do caminho aquilo que agora chamamos de 'nós mesmos' e deixamos [Deus] tomar conta de nós, mais verdadeiramente nos tornamos nós mesmos"[15].

---

14 Keller, *Making Sense of God*, 139.
15 C. S. Lewis, *Cristianismo Puro e Simples* (Rio de Janeiro, RJ: Thomas Nelson, 2017).

Retreinando o nosso paladar

A boa notícia é que podemos retreinar o nosso paladar. Nós não precisamos continuar viciadas em *junk food* espiritual. Podemos remover o lixo e substituí-lo por alimento verdadeiro.

Vocês já sabem que, quando minhas filhas eram pequenas, nós morávamos no Japão. Minhas filhas passaram os terríveis dois e três anos, os obstinados quatro anos e os atrevidos cinco anos de idade subsistindo de uma dieta asiática, com todos os seus interessantes sabores e aromas.

Meu marido e eu decidimos, desde o princípio, que insistiríamos para que nossas meninas comessem qualquer comida que fosse oferecida a elas. Isso é parte do trabalho de filho de missionário ou de pastor. Você é convidada para muitos lugares e normalmente há comida. Não queríamos que nossas filhas recusassem a comida que lhes fosse servida, por isso treinávamos em todas as refeições.

Se elas não quisessem comer algo que fosse servido em casa, não poderiam sentar-se à mesa até que aquilo fosse comido. Eu simplesmente embrulhava a comida e dizia: "Você não precisa comer agora, mas esta será a próxima coisa que comerá. Você não poderá comer o próximo lanche ou a próxima refeição até que isto tenha desaparecido". Funcionou. Elas acabavam ficando com fome o suficiente para comer o que antes era uma aversão. Sim, às vezes elas comiam couve-de-bruxelas no café da manhã. Mas louvado seja Deus, fora uma aversão unânime e intrigante a tomates, elas não são exigentes para comer.

O paladar físico pode ser treinado e retreinado. Assim também é o paladar espiritual. É possível que você e eu comecemos a identificar o lixo espiritual que temos ingerido e, em vez disso, façamos escolhas saudáveis que irão alimentar nosso crescimento espiritual. Podemos tirar o lixo da mesa e da cozinha e começar a fazer escolhas melhores hoje.

Da mesma forma que qualquer vício ou mau hábito, não será fácil no início – inicialmente desejaremos as escolhas rápidas e baratas a que estamos acostumadas. Mas à medida que nossas boas escolhas começarem a aumentar, sentiremos uma mudança nutritiva de dentro para fora. Nossas papilas gustativas vão amadurecer. Seremos mais rápidas para perceber ingredientes bons e ruins. O discernimento nos levará à nutrição, e nós prosperaremos da maneira como fomos feitas para prosperar.

Dando as costas para o eu

O evangelho do "acredite em si mesma" é atrativo no início. "Você consegue, namorada", pode ser a estampa de uma camiseta divertida. Mas quando nos enraizamos em Cristo Jesus, também precisamos decidir nos edificar continuamente nele, como diz Colossenses 2.6-7. O evangelho da autoajuda é, de fato, um canto de sereia ao qual sou atraída de volta diariamente. Esqueço-me tão rapidamente de que Deus é a fonte da minha vida, não eu! E tão rapidamente sou lembrada de que preciso dele quando chego ao fim de mim mesma.

Você e eu precisamos confessar repetidamente a necessidade que temos de Jesus. Precisamos confessar nossa falência e a riqueza dele. Precisamos lembrar e dizer em alta voz para que ele e nós mesmas ouçamos que não contribuímos com nada. Apenas ele é quem sustenta todas as coisas.

Há um Jesus verdadeiro, e ele se fez conhecido a nós. Passemos a conhecer o verdadeiro evangelho de Jesus tão bem a ponto de podermos identificar um evangelho falso quando esse surgir no horizonte, entrar em nossas igrejas ou aparecer nos nossos estudos de mulheres.

❦

Perguntas para reflexão

1. Você já testemunhou a cultura cristã dizer cada vez mais: *"Como Deus pode me servir* ao invés de *Como eu posso servir a Deus?"*. Você sente alguma tentação em direção a essa perspectiva?

2. O que há de bom e correto em focar um relacionamento pessoal com Jesus? Como esse relacionamento pode ser priorizado a ponto de tornar-se um problema?

3. Você já sofreu com a "síndrome do livro mágico", tratando a Bíblia como se ela tivesse uma palavra especial só para você hoje? De que forma essa é, na melhor das hipóteses, uma prática limitada, e, na pior das hipóteses, uma prática destrutiva?

4. O movimento "acredite em si mesma" aparece em sua comunidade de fé, livros ou canções de adoração? Você já experimentou a inadequação de acreditar em si mesma?

5. Você consegue identificar alguma *junk food* que precisa jogar fora?

6. Leia e discuta ou medite sobre o Salmo 36. Escreva as palavras fortes usadas para descrever Deus e seus caminhos.

7. Leia 2 Coríntios 12.7-10 e identifique algumas das fraquezas que Deus permitiu que você tivesse. De que forma você pode ser grata por elas? De que forma Deus provou ser forte e fiel nelas?

5

Edificadas em Cristo

Quando estava no sétimo ano do ensino fundamental, conheci Jordan Knight. Nos bastidores do show do *New Kids on the Block*, ele me perguntou se deveria se barbear antes de entrar no palco. Você já está tendo um troço? Eu tive.

Minha amiga conseguiu ingressos para os bastidores e nós conhecemos Jordan Knight e Donnie Wahlberg. Para a Jen (Jenni, na época) de onze anos de idade, foi uma completa euforia. Quer dizer, eu realmente toquei no rosto do Jordan.

As paredes do meu quarto estavam cheias de posters do *NKOTB*. Eu tinha lençóis do *NKOTB*. Fitas cassetes. Uma toalha de praia. Uma lancheira. Tive até um chapéu fedora preto, igualzinho ao dos integrantes do *New Kids*, que eu usava orgulhosamente no shopping.

Talvez você tenha tido a mesma experiência com os *Backstreet Boys*, ou com o *NSYNC*, ou com o *Boyz II Men*. Minha filha mais velha teve uma queda pelo *One Direction*. O que há com as *boy bands*? Elas exercem um poder especial sobre as meninas pré-adolescentes. Ficamos apaixonadas. Até mesmo obcecadas.

Ninguém teve que nos convencer a amar essas bandas. Não foi necessário que nos dissessem as muitas virtudes delas, nem tivemos que frequentar aulas para aprender todas as qualidades excelentes delas. Assim como mariposas atraídas pela luz, voamos como enxame sem nenhuma instrução. Isso era natural e automático.

Podem ter-se passado trinta anos desde o meu momento nos bastidores com Jordan Knight, mas ainda sou atraída por coisas que adoro. Algumas dessas coisas são superficiais, como o lustre de ferro preto que gostaria de ter na minha sala de jantar. Ou a nova coleção desta estação de roupas esportivas. Ou uma nova bolsa de couro. Algumas coisas que eu adoro são um pouco mais significativas, como os livros da minha lista de desejos na Amazon e o desejo por um estilo de vida saudável. Outros objetos do meu afeto são verdadeiramente importantes, como a visão que eu tenho de um lar pacífico, noites de jogos com minhas filhas, o ministério lado a lado com meu marido, conversas espirituais profundas com as mulheres em minha vida, férias de descanso com meus amados e o equilíbrio perfeito entre vida e trabalho.

Todas nós naturalmente adoramos alguma coisa ou muitas coisas. Você, eu e todos os demais seres humanos no planeta temos uma ideia do que queremos. O autor James K.A. Smith diz: "Ser humano é ficar animado e ser orientado por alguma visão de 'boa vida' [...]. Ser humano é ser amante e amar algo maior"[1]. Ele diz que o coração é semelhante a

---

1 James K. A. Smith, *Você é Aquilo que Ama: O Poder Espiritual do Hábito* (São Paulo, SP: Vida Nova, 2017).

uma bússola: aponta automaticamente para o norte verdadeiro – isto é, para qualquer coisa que queiramos, amemos ou que possamos antever. Assim como um ímã, o objeto do nosso afeto nos atrai para si. Não precisamos ser ensinadas a ir até o ímã; naturalmente vagamos naquela direção.

O que você quer?

Logo no início de seu ministério, Jesus voltou-se para os seus discípulos, que estavam começando a segui-lo, e perguntou-lhes: "O que vocês querem?" (Jo 1.38; NVI). Algumas traduções dizem: "Que buscais?" (ARA) ou "O que vocês estão procurando?" (NAA).

Jesus fez essa pergunta durante seus primeiros momentos juntos, porque sabia que eles estavam inclinados a seguir o que quisessem ou amassem. Ele queria que os discípulos identificassem o que estavam procurando. Ele sabia que o coração é a fonte da vida (Pv 4.23). Vivemos daquilo que sai do coração (Lc 6.45).

A vida é vivida em minutos, que se somam a horas, dias e anos. O que mais amamos a cada minuto é o que impulsiona a nossa ação no presente. Esses minutos se acumulam, um após o outro. A vida é a culminação de nossos desejos momentâneos. O que quer que os nossos corações amem a cada minuto nos conduzirá por uma vida inteira. Nós somos o que amamos.

Cada uma de nós deve, portanto, perguntar: O que eu amo? O que eu mais amo nesse momento? Jesus nos chama a amar a Deus e a amar o próximo acima de todas as coisas (Mt 22.36-40), então nos deparamos com problemas quando amamos outras coisas mais do que essas. O problema não é necessariamente o de amarmos certas coisas; é que muitas vezes não amamos o suficiente as coisas certas.

Por exemplo, se amo a mim mesma, a minha agenda e a minha conveniência mais do que amo o meu próximo, então não estarei disposta a oferecer ajuda quando necessário. Não poderei, por exemplo, olhar o filho de uma amiga enquanto ela vai ao médico; reservar um tempo no calendário de nossa família para servir em nosso banco de alimentos local uma vez por mês; ou passar alegremente uma manhã por semana com meu pai doente no asilo onde mora.

Ou se me amo mais do que amo o Senhor, passarei mais tempo aperfeiçoando minha própria imagem, meu próprio lar e meu próprio trabalho ao invés de conhecê-lo melhor através da oração, do tempo na Palavra e da adoração.

O problema não é que eu amo ter a minha programação, ou trabalhar arduamente, ou ter uma boa casa, ou mesmo que amo a mim mesma necessariamente. O problema é que não amo nem Deus nem meu próximo o suficiente. E meus amores estão fora de ordem.

Ímãs culturais

Os objetos de nosso amor são mais capturados do que ensinados. Ninguém precisa me ensinar a desejar um lustre de candelabro melhor em minha sala de jantar. Eu quero um novo lustre porque vejo lustres mais bonitos nas casas de outras pessoas, nas capas de revistas de design de casas e quando assisto ao canal de reformas HGTV. Os lustres mais bonitos estão ao meu redor, e fazem meu lustre atual parecer feio. Estou imersa em uma cultura de coisas bonitas para casa. Eu as vejo. Eu falo sobre elas com meus amigos. Eu as desejo.

A Amazon e o Google sabem disso bem. Recentemente estive na casa de uma amiga para a nossa Comunidade Evangélica (a versão de nossa igreja de pequeno grupo ou grupo comunitário). O sinal do celular estava ruim, por isso conectei o Wi-Fi dela em meu telefone. No dia seguinte, meu *feed* do Facebook estava cheio de anúncios sobre o mesmo tapete na sala de estar da minha amiga. Não apenas seu tapete, mas também a luminária e a cadeira dela. A internet sabia onde eu havia estado e que eu veria aquele tapete lá porque ele havia sido encomendado do endereço de IP dela. A internet sabia que eu iria gostar do que vi, e me deu a chance de comprá-lo no dia seguinte.

A Amazon, o Google e o Facebook sabem que nós, humanos, somos míopes. Vemos, vivemos e amamos o aqui e o agora. Para nós é difícil imaginar uma boa vida que esteja fora de nosso entorno imediato. Smith diz: "Podemos não perceber as formas como estamos sendo treinados secretamente para a fome e a sede por ídolos que nunca podem satisfazer"[2].

Portanto, se nossos corações são como uma bússola e se alinham naturalmente àquilo que amamos, então o trabalho do cristão é constantemente voltar essa bússola para o seu verdadeiro norte – para o próprio Deus, o único que pode realmente satisfazer a você e a mim.

Somos propensas a vaguear, portanto, devemos renovar

Quando minha família se mudou do Japão, eu havia passado mais tempo em minha vida dirigindo do lado esquerdo da

---

2 Smith, *Você é Aquilo que Ama.*

estrada do que do lado direito. Quando nos mudamos para países onde se dirige do lado direito da estrada, muitas vezes eu me aproximava do meu carro e entrava pelo lado direito em vez de entrar pelo esquerdo. Acabei no banco do passageiro, quando deveria ser o motorista, por mais vezes do que gostaria de admitir. Se eu estivesse sozinha, dava uma boa risada. Se estivesse com minhas filhas, elas definitivamente davam boas risadas.

Eu estava propensa a entrar pelo lado direto do carro porque era isso que eu estava acostumada a fazer. Essa era a minha intuição. Era natural. Mas entrar pelo lado direito estava errado. Eu tinha que me reeducar para entrar pelo lado esquerdo do carro quando ia dirigi-lo. Da mesma forma, somos propensas a amar a nós mesmas e outras coisas mais do que amamos a Deus. Portanto, temos que nos reeducar constantemente.

A Bíblia chama isso de renovação da mente. O apóstolo Paulo sabia que somos facilmente influenciadas pelos ímãs de amor culturais que nos rodeiam. Ele sabia que o ar cultural que respiramos não nos apontaria de volta ao nosso amor supremo, que é o próprio Deus. Assim, ele instruiu a igreja primitiva a renovar sua mente.

Em sua carta aos Romanos, Paulo disse: "E não vos conformeis com este século, mas transformai-vos pela renovação da vossa mente" (Rm 12.2). Ele disse aos Efésios "vos renoveis no espírito do vosso entendimento" (Ef 4.23). Renovar vossa mente é ser edificado em Cristo (Cl 2.7).

Objetos indignos puxarão constantemente a bússola de nosso coração na direção deles, portanto, renove-se – lembre-se do que é verdadeiro. Lembre-se de quem é a fonte da sua vida e da sua respiração. Lembre-se do seu Criador, sustentador e do doador da verdadeira alegria.

Renove sua mente. Lembre a si mesma. Ensaie a verdade uma para a outra. Assim como você se enraizou em Cristo, também edifique a si mesma em Cristo.

Ao renovarem suas mentes, Paulo queria que os primeiros cristãos se concentrassem nas coisas do alto. Ao invés de simplesmente se comportarem, ele queria que eles contemplassem a Deus. Ele disse aos Colossenses: "Portanto, se fostes ressuscitados juntamente com Cristo, buscai as coisas lá do alto, onde Cristo vive, assentado à direita de Deus. Pensai nas coisas lá do alto, não nas que são aqui da terra" (Cl 3.1-2).

Em outras palavras, Paulo diz que devemos tirar nossos olhos e coração daquilo que enxergamos e devemos olhar para cima. Ele quer que paremos de olhar para o nosso próprio umbigo e que contemplemos o nosso Deus. Nós calibramos o coração para o nosso amor supremo quando olhamos para Deus, não para a paisagem temporal diante de nós. Devemos ser intencionais acerca de onde nosso coração e mente vagueiam, porque um coração errante tem amores desordenados. O coração gravita naturalmente em direção ao que é visto, ao que é instantâneo, ao que é gratificante no momento. Para colocarmos nossos amores adequadamente em ordem, devemos fixar nossos olhos em Jesus.

Horários, orçamentos e afins

Você já notou que o autocontrole gera autocontrole? E o contrário, que indulgência gera indulgência? Eu já vi esse fenômeno acontecer em minha própria vida.

Quando me mantenho dentro do orçamento financeiro mensal de nossa família, também é mais provável que me mantenha dentro dos limites do meu calendário, comprometa-me com minha rotina de exercícios e coma de acordo com uma dieta balanceada. Parece que uma área de autocontrole em minha vida leva a um maior autocontrole nas demais. E quando saio dos limites em um ponto, acabo saindo em outros também.

As rotinas, os horários e os orçamentos são coisas benéficas. Nós franzimos o cenho para eles porque não gostamos de ser restringidas, mas sabemos que são bons para nós. Na verdade, sabemos que eles nos levam a uma maior liberdade porque não ficamos atoladas pela exaustão, pela dívida e pelo arrependimento. O rei Salomão, que recebeu de Deus sabedoria sobrenatural, disse: "Como cidade derribada, que não tem muros, assim é o homem que não tem domínio próprio" (Pv 25.28). O limite do muro dá liberdade aos habitantes da cidade.

Sabemos o bem que devemos fazer, mas não o fazemos. Sabemos que é melhor ficar dentro do orçamento, manter o ritmo das tarefas, comer de forma saudável, exercitar-se e dormir oito horas por noite.

Não é uma questão de *saber* o que é melhor; é uma questão de *amar* o que é melhor.

Como filhas do Iluminismo, temos a tendência de pensar que quanto mais soubermos, melhor seremos. Com que frequência repetimos clichês como *conhecimento é poder*? Essa filosofia também se infiltrou na igreja. Eu concordo com Smith que diz: "Muitas vezes abordamos o discipulado principalmente como um esforço didático – como se o tornar-se um discípulo de Jesus fosse em grande parte um projeto intelectual, uma questão de adquirir conhecimento"[3].

---

3 Smith, *Você é Aquilo que Ama*.

O conhecimento por si só não garante o crescimento cristão maduro, por duas razões. A primeira é que somos mais movidas por nosso amor do que por nosso conhecimento. A segunda é que precisamos de um poder fora de nós mesmas para nos ajudar. Como disse C. S. Lewis: "Mesmo o melhor cristão que já existiu não agiu com o seu próprio gás"[4].

De onde vem a nossa ajuda?

Nosso próprio gás se esgota. Não podemos confiar em nós mesmas para nos fazer amar a Deus mais do que qualquer outra coisa ou pessoa. Simplesmente não podemos fazer isso acontecer por *vontade* própria. Precisamos de um auxiliador.

O salmista escreveu: "Elevo os olhos para os montes: de onde me virá o socorro? O meu socorro vem do Senhor, que fez o céu e a terra" (Sl. 121.1-2). Esse salmo, em particular, está incluído em um grupo de quinze salmos, chamados de cânticos de romagem, escritos para Israel cantar ao subir o monte em direção ao templo, em Jerusalém, para adorar a Deus. O salmista levantou os olhos e olhou para o templo, onde Deus estava especialmente presente com seu povo. Ele reconheceu que precisava da ajuda do Senhor, mesmo para sua jornada de adoração. E eu e você também precisamos.

Olhamos atentamente no capítulo 3 para as boas-novas do evangelho – como inicialmente nos arraigamos em Cristo por meio de nossa salvação. Reconhecemos que o Espírito nos atrai – Deus Pai, através de seu Filho e por seu Espírito, nos atrai para um relacionamento com ele. E tudo isso é pela graça.

---
4 C. S. Lewis, *Cristianismo Puro e Simples* (Rio de Janeiro, RJ: Thomas Nelson, 2017).

Pela graça, você e eu fomos salvas, não a partir de nossos próprios esforços, isso é dom de Deus (Ef 2.8).

A graça não termina com a salvação. Não, você e eu precisamos dela também para a nossa santificação. *Santificar* significa tornar santo ou purificar do pecado ou consagrar.[5] Usamos o termo para nos referir ao nosso crescimento à semelhança de Cristo. É a jornada de maturidade espiritual desde a salvação até o final de nossos dias. O que muitas vezes esquecemos, porém, é que não apenas a nossa salvação é pela graça, mas a nossa santificação também o é.

Temos a tendência de ser como os cristãos Gálatas. Eles foram salvos pela graça por meio da fé, mas depois tentaram ganhar mérito fazendo obras da lei. Em outras palavras, eles queriam se santificar com seus próprios atos, em seus próprios esforços, para o seu próprio crédito. Paulo lhes perguntou: "Sois assim insensatos que, tendo começado no Espírito, estejais, agora, vos aperfeiçoando na carne?" (Gl 3.3).

Ele queria saber por que eles estavam tentando amadurecer através de seus próprios esforços uma vez que haviam sido salvos pelo atrair do Espírito através da graça. Você quase pode ouvi-lo dizer: *Vocês não podem fazer isso! Isso não é possível. Foi o Espírito que os salvou e é o Espírito que vai santificá-los. Tudo é graça. Vocês foram salvos pela graça, e vocês crescerão pela graça.*

Nós também precisamos ouvir essas palavras. Somos rápidas para retornar a nós mesmas, ao nosso próprio gás, aos nossos próprios esforços. Mas essas coisas se esgotam. Semelhante a mim entrando repetidamente do lado errado do carro, nossa intuição é voltar à autoconfiança e à autoajuda. Mas se

---

5 Dictionary.com (2019), s.v. "sanctification," https://www.dictionary.com/browse/sanctification, acessado em 20 de outubro de 2018.

quisermos ter algum sucesso na renovação de nossas mentes, precisamos da ajuda do Espírito. Precisamos levantar os nossos olhos e nos lembrar de que a nossa ajuda vem do Senhor.

Paulo escreve aos Colossenses: "para isso é que eu também me afadigo, esforçando-me o mais possível, segundo a sua eficácia [de Cristo] que opera eficientemente em mim" (Cl 1.29). Paulo se afadigou. Ele labutou. Mas ele sabia que era a energia de Deus que trabalhava poderosamente dentro dele. Ele sabia de onde vinha a sua ajuda.

À medida que você e eu procuramos ser edificadas em Cristo, também devemos nos lembrar de que é a energia dele que funciona em nós. Devemos levantar os olhos e nos lembrar de nosso Auxiliador. Não podemos ter crescimento espiritual apenas através da nossa determinação. Não podemos amar a Deus apenas por nossa determinação. Precisamos da ajuda dele para nos fornecer essas coisas.

Eu tive períodos de fé que pareceram muito secos. Já enfrentei dias e semanas em que não tive nenhuma vontade de orar. Ler a Bíblia me parecia uma tarefa, não uma alegria. Os esforços espirituais pareciam atividades repetitivas que estavam longe de dar vida. Já enfrentei dias em que não queria reconhecer o Senhor nem me envolver com ele de forma alguma.

Nesses dias, acho útil orar: "Senhor, ajuda-me a querer-te. Na verdade, Senhor, eu preciso voltar a esse ponto. Ajuda-me até mesmo a querer te querer". Alguns vales exigem esse tipo de oração. E tudo bem, porque a minha salvação e a minha santificação estão ambas enraizadas na graça. Ambas são obra do Espírito. É bom para mim levantar os olhos e me lembrar de que a minha ajuda vem do Senhor, o Criador do céu e da terra.

Mas nós, de fato, labutamos

Paulo não era, de forma alguma, passivo quando se tratava do seu próprio crescimento espiritual e do seu ministério de auxiliar os outros a crescerem. Vemos, em sua carta aos Colossenses, que ele *labutava*. Ele sabia que tudo o que ele fizesse era um presente da graça de Deus. Na base de seus esforços, estava o entendimento de que o espírito trabalhava nele.

Ele detalhou isso quando escreveu aos Coríntios: "Mas, pela graça de Deus, sou o que sou; e a sua graça, que me foi concedida, não se tornou vã; antes, trabalhei muito mais do que todos eles; todavia, não eu, mas a graça de Deus comigo" (1Co 15.10).

Ele disse ao seu aprendiz Timóteo para que se *exercitasse* na piedade (1Tm 4.7) e Paulo orava para que a igreja em Éfeso conhecesse "qual a suprema grandeza do seu poder [de Deus] para com os que cremos, segundo a eficácia da força do seu poder" (Ef 1.19).

Isso levanta a questão: Como mulheres arraigadas em Cristo que desejam renovar suas mentes nele, de que forma realmente faremos isso? Quais são os passos práticos de nosso treinamento na piedade, o qual reconhecemos vir apenas pelo poder do Espírito?

Seja renovada: algumas práticas

No capítulo 2, exploramos o que significa ser criada à imagem de Deus. Você e eu carregamos o caráter e a bondade de Deus. Mas o pecado desfigurou a imagem de Deus em nós. Quando renovamos nossas mentes, nós rebobinamos e relembramos quem somos em Cristo. Como Smith escreve, o objetivo da nossa santificação é "uma renovação do mandato da criação: sermos (re)feitos à imagem de Deus e depois enviados como portadores de sua imagem *ao* mundo e *para* o mundo"[6].

De que forma, então, pelo poder do Espírito, podemos buscar sermos renovadas ou edificadas em Cristo? As ideias abaixo não são um manual de instruções. Elas não são uma lista para obedecer a fim de alcançar certos resultados.

Essas atividades são simplesmente os conduítes que tenho observado o Senhor usar para fazer seus seguidores crescerem durante as duas décadas em que tenho estado no ministério.

Confissão e oração

De suma importância para a renovação das nossas mentes é o alicerce da confissão. Como vimos no capítulo 4, a confissão é a porta de entrada da alegria. Devemos chegar à nossa labuta com a consciência de que somos inadequadas. Uma atitude de ser capaz de fazer as coisas baseada na autoconfiança soará oca, levará ao esgotamento e poderá até nos fazer sentir que Deus nos traiu porque não cumpriu a parte dele diante dos nossos esforços. Devemos, primeiro e frequentemente, confessar que sem Deus nada podemos fazer (Jo 15.5).

Na noite anterior à crucificação, Jesus veio consolar seus discípulos na sala superior dizendo: "E eu rogarei ao Pai, e ele vos dará outro Consolador, a fim de que esteja para sempre convosco [...], porque ele habita convosco e estará em vós. [...] esse vos ensinará todas as coisas e vos fará lembrar de tudo o

---

6 Smith, *Você é Aquilo que Ama*.

que vos tenho dito" (Jo 14.16-17, 26). Jesus conhecia a necessidade deles – a *nossa* necessidade – de ajuda.

A oração assume muitas formas. Você e eu podemos respirar uma oração rápida em meio a um momento difícil e pedir ao Espírito para nos ajudar, assim como podemos oferecer uma oração rápida de louvor em meio à alegria. Podemos orar antes de abrir a Bíblia e pedir ao Espírito que ilumine sobrenaturalmente as nossas mentes. Podemos orar antes de nos encontrarmos com um amigo, com a família ou com um inimigo, pedindo-lhe que nos ajude a ser uma bênção e uma luz nessa situação. Podemos orar por um extenso período – um longo período de quietude pela manhã, em que trazemos tudo à mente diante do Senhor, ou uma oração à noite para repassar tudo o que ocorreu no dia. Podemos e devemos jejuar e orar de tempos em tempos. Seja o que for e como for que oremos, a oração nos faz lembrar de que somos fracas, mas Deus é forte, e de que precisamos dele a cada hora.

A Palavra de Deus

No chão do meu dormitório, chegando ao fim de mim mesma e do meu primeiro ano na faculdade, alcancei minha Bíblia empoeirada, e não foi nada menos do que sobrenatural. Deus, em sua misericórdia e bondade, teve compaixão do meu coração partido e me atraiu para si mesmo. Por causa do grande amor com que ele me amou, ele se revelou a mim em sua Palavra.

O autor do livro de Hebreus disse: "Porque a palavra de Deus é viva, e eficaz, e mais cortante do que qualquer espada de dois gumes, e penetra até ao ponto de dividir alma e espírito, juntas e medulas, e é apta para discernir os pensamentos e propósitos do coração" (Hb 4.12). As palavras de Jesus no jardim do Getsêmani perfuraram a minha alma e o meu coração. Li a história da cruz, fiquei impressionada com o grande amor de Jesus por mim, e me comprometi com o senhorio dele pelo resto dos meus dias.

Paulo disse a Timóteo que "toda a Escritura é inspirada por Deus e útil para o ensino, para a repreensão, para a correção, para a educação na justiça, a fim de que o homem de Deus seja perfeito e perfeitamente habilitado para toda boa obra." (2Tm 3.16-17). A Bíblia é *capaz*. Por ser a Palavra viva de nosso Deus vivo, ela é capaz de falar a todas as facetas de sua vida e da minha.

Se quisermos saber quem é o nosso Deus – seu caráter, suas capacidades, sua história, as promessas que ele cumpriu no passado e as que ele fez para o futuro – devemos nos voltar para a Palavra dele. Podemos conhecer o Criador do céu e da terra porque ele se fez conhecido a nós na Bíblia.

Em seu importante e prático livro *Mulheres da Palavra*, Jen Wilkin diz: "O conhecimento bíblico é importante porque nos protege de cair em erros". Tanto o falso mestre como o humanista secular dependem da ignorância bíblica para que suas mensagens se enraízem; e a igreja moderna provou ser um terreno fértil para essas mensagens".[7] A melhor maneira de você e eu conhecermos a Deus e discernirmos uma falsificação é conhecendo a Palavra de Deus.

Assim como um dia por semana na academia não nos tornará fisicamente em forma, também o tempo esporádico na Palavra de Deus não nos tornará espiritualmente em

---

7 Jen Wilkin, *Mulheres da Palavra: Como Estudar a Bíblia com Nossa Mente e Coração* (São José dos Campos, SP: Editora Fiel, 2018).

forma. Não conheceremos realmente o seu conteúdo nem seremos transformadas pela Palavra de Deus, a menos que invistamos as nossas vidas nela. Wilkin diz: Para obtermos instrução bíblica, devemos permitir que o nosso estudo tenha um efeito cumulativo – ao longo das semanas, dos meses e dos anos – para que a inter-relação de uma parte da Escritura com a outra se revele lenta e graciosamente, como um pano de tirar pó que escorrega, polegada a polegada, da face de uma obra-prima"[8].

Se você e eu vamos confiar no Senhor, precisamos conhecê-lo bem. E para isso, devemos investir tempo lendo, estudando, memorizando e aplicando sua Palavra. A Bíblia não é, primariamente, para a nossa informação, mas para a nossa transformação. Ela tem o objetivo, como diz o livro de Hebreus, de penetrar nossa alma e espírito, e discernir nossos pensamentos e as intenções de nossos corações.

Se orarmos e confessarmos que precisamos do Espírito para nos ajudar, ele nos ensinará todas as coisas (Jo 14.26) enquanto estudamos sua Palavra. Não apenas isso, mas ele nos treinará, nos fará completas e nos equipará para cada boa obra (2Tm 3.16-17). Embora estudar a Bíblia sozinha seja benéfico, estudá-la com o povo de Deus é especialmente poderoso.

O Povo de Deus

Fomos feitas para viver em comunidade. É para o nosso bem que nos reunimos com outros. Para o cristão, é crucial fazer do encontro com outros cristãos uma alta prioridade.

---

8 Wilkin, *Mulheres da Palavra*.

Rosaria Butterfield diz: "Viver em comunidade não é apenas agradável; é algo que salva vidas"[9]. De fato, a salvação de Butterfield veio através do tempo investido com o povo de Deus.[10]

Os cultos de adoração são projetados para a edificação do corpo de Cristo. A esposa do missionário e plantador de igreja Dave, Gloria Furman diz: "Deus decreta sua Palavra para, de maneira eficaz, cumprir sua ordem através da pregação"[11]. O Novo testamento nos instrui a "[aplicar-nos] à leitura, à exortação, ao ensino" (1Tm 4.13). O meio de Deus fazer seus filhos crescerem é através do ajuntamento ordinário, mas poderoso, de semana em semana, para a proclamação pública da Bíblia, adorando-o por meio de cânticos, desfrutando da comunhão, nos unindo em oração e colaborando em outras atividades edificantes.

Deus deu pastores e mestres (e outros líderes) à comunidade da igreja "com vistas ao aperfeiçoamento dos santos para o desempenho do seu serviço, para a edificação do corpo de Cristo [...], para que não mais sejamos como meninos, agitados de um lado para outro e levados ao redor por todo vento de doutrina, pela artimanha dos homens, pela astúcia com que induzem ao erro" (Ef 4.12-14). Os dons espirituais – assim chamados porque são transmitidos pelo Espírito Santo que habita em nós – são destinados a serem exercitados *no* corpo

---

[9] Rosaria Butterfield, *O Evangelho e as Chaves de Casa: Praticando uma Hospitalidade Radicalmente Simples em um Mundo Pós-Cristão* (Brasília, DF: Editora Monergismo, 2020).
[10] Veja Rosaria Butterfield, *Pensamentos Secretos de uma Convertida Improvável: A Jornada de uma Professora de Língua Inglesa Rumo à Fé Cristã* (Brasília, DF: Editora Monergismo, 2017).
[11] Gloria Furman, *A Esposa do Pastor: Fortalecida pela graça para uma vida de amor* (São José do Campos, SP: Editora Fiel, 2016).

e *para* o corpo. Você e eu fomos equipadas por Deus para servir nossos irmãos e irmãs em Cristo. E isso só pode ser feito quando nos reunimos.

A reunião com o povo de Deus permite que nossos irmãos e irmãs em Cristo nos façam prestar contas se formos pegos em alguma transgressão e nos restaurem (Gl 6.1-5). Quando nos reunimos, podemos encorajar uns aos outros e edificar uns aos outros (1Ts 5.11). De fato, há cinquenta e nove mandamentos no Novo Testamento sobre como os cristãos devem tratar uns aos outros. Entre outras coisas, devemos nos saudar uns aos outros com um beijo santo (Rm 16.16), ser mansos e longânimos uns para com os outros (Ef 4.2) e nos sujeitar uns aos outros no temor de Cristo (Ef 5.21). Jesus disse: "Nisto conhecerão todos que sois meus discípulos: se tiverdes amor uns aos outros" (Jo 13.35).

Desde minha rendição ao Senhor há mais de vinte anos, tenho me reunido quase todas as semanas para cultos na igreja, estudos bíblicos femininos, pequenos grupos e momentos de oração com uma ou duas amigas próximas. Grande parte do trabalho do Espírito em nossas vidas é através de seu povo. A maturidade espiritual é um esforço comunitário.

A renovação é transformadora

Você e eu estamos sendo moldadas, intencionalmente ou veladamente, pelo que quer que estejamos consumindo. Como diz o adágio: "Tornamo-nos aquilo que contemplamos"[12].

---

12 John M. Culkin, "A Schoolman's Guide to Marshall McLuhan," Saturday Review, 18 de março de 1967, 51–53, conforme citado em John Stonestreet and Brett Kunkle, A Practical Guide to Culture: Helping the Next Generation Navigate Today's World (Colorado Springs: David Cook, 2017), cap. 14, edição em Kindle.

Como podemos obedecer ao chamado bíblico de "pensar nas coisas lá do alto, não nas que são aqui da terra" (Cl 3.2)? Como você e eu podemos labutar com toda a energia do Espírito em nós, confessando nossa necessidade por ele em oração, estudando sua Palavra e nos reunindo com seu povo? Ao nos comprometermos com essas práticas, seremos transformadas de dentro para fora. Seremos transformadas pela renovação de nossas mentes (Rm 12.2).

Você se lembra da Shannon do capítulo 3, minha amiga que conheceu a Cristo durante uma viagem missionária no sudeste asiático? Desde aquele dia providencial há mais de doze anos, ela se comprometeu com essas práticas comuns que provocam mudanças extraordinárias. A manifestação externa da transformação interior do Espírito na vida de Shannon inclui o início de um ministério para dançarinos em uma das comunidades mais exploradoras de nossa nação, tornar-se mãe adotiva internacionalmente, o ensino da Bíblia, a prática regular da hospitalidade a fim de alcançar pessoas em seu bairro e, recentemente, tornar-se uma mãe temporária.

Pelo poder do Espírito, Shannon não apenas estava enraizada em Cristo, mas também labutou para renovar sua mente em Cristo. Ela confia em Deus porque o conhece como resultado de ler atentamente a sua Palavra. A fé de Shannon é forte por causa da graça de Deus através do povo de Deus. Ela está verdadeiramente transformada.

Minha obsessão pelo *New kids on the Block* era tola e embaraçosa. Mas essa obsessão mostra como, de fato, somos transformadas por aquilo que amamos. Meu *eu* da escola secundária se conformava à cultura à minha volta sem qualquer problema. Meu contexto todo – as coisas que eu via, ouvia e das quais me cercava – pregava uma poderosa mensagem sobre o NKOTB, e eu caí nisso. Intensamente.

A boa notícia é que um amor muito melhor pode ser criado quando fixamos os nossos corações e as nossas mentes nas coisas corretas. E a coisa suprema é Jesus. Com a ajuda do Espírito, podemos colocar nossos amores em ordem. Quando estivermos enraizadas no evangelho e renovarmos as nossas mentes no evangelho, seremos transformadas pelo evangelho.

Esse enraizamento e essa renovação são a forma como você e eu nos edificamos em Cristo. Isso é o que estabelecerá a nossa fé e nos levará à alegria duradoura pela qual ansiamos.

Perguntas para reflexão

1. Se você estiver lendo este livro com um grupo, compartilhe sua própria obsessão embaraçosa por uma *boy band*, e aproveitem para dar uma boa risada umas com as outras.

2. Qual é a sua visão, consciente ou talvez subconsciente, de uma boa vida? Você concorda que nós somos o que amamos?

3. Que ímãs culturais atraem você? De que forma seus amores estão fora de ordem?

4. Suas práticas de crescimento espiritual têm sido principalmente didáticas, isto é, intelectuais e baseadas no conhecimento? O que você pode fazer para buscar *amar mais* a Jesus com seu coração? Por exemplo, para mim, é levantar cedo enquanto a casa está tranquila, tomando uma xícara de café, com a minha Bíblia e um diário para escrever minhas orações.

5. Você já lutou por ser como os Gálatas: "Tendo começado no Espírito, estejais, agora, vos aperfeiçoando na carne"? (Gl 3.3). Em outras palavras, você acha que a graça é somente para a salvação, mas não para a santificação?

6. Responda sobre as práticas de confissão e oração, estudo da palavra de Deus e o passar tempo com o povo de Deus: Quais você faz, quer fazer mais ou resiste em fazer? Como você e as irmãs ao seu redor podem encorajar umas às outras a fazerem essas coisas com mais frequência? Escolha alguns horários, datas e práticas agora mesmo, se possível.

7. Leia Colossenses 3.1-3 e Romanos 12.1-2, e ore essas coisas por você e por outros.

6

Estabelecidas em Cristo

Estou aprendendo a comprar em supermercados novamente. Minha família está de volta aos Estados Unidos há quase três anos, mas até alguns meses atrás eu não era capaz de colocar os pés em um supermercado típico americano sem me sentir perplexa. Durante os nossos primeiros dois anos após nosso retorno, eu comprava apenas na *Costco*. Embora a loja de armazém seja enorme, ela oferece frações dos alimentos bem como das opções que um supermercado normal disponibiliza. As variedades em nosso supermercado local me deixam estupefata.

Veja os molhos de salada, por exemplo. Eu levei minhas filhas ao corredor dos molhos de salada e, para ter uma ideia da quantidade, pedi que contassem as opções enquanto fazia as compras. Elas contaram 199. Há o cremoso, o com óleo, o com e sem gordura, o orgânico, o com e sem corante vermelho, o baixo em sódio, o de marca e o genérico. As variações não têm fim.

E o molho de saladas não é o único com muitas variedades. Você sabe quantas opções de cereal existem? 261. Pão? 107.

O mercado do meu bairro no Japão tinha uma média de uma única escolha por item alimentício. Se houvesse duas escolhas eu optava pela que tivesse uma figura no rótulo, pois não conseguia ler os caracteres japoneses. Simples. Você consegue saber o que há dentro da embalagem? Sim? Compre. Não? Passe ao próximo e mude o cardápio.

Na América e no Ocidente, o poder de escolha impera.

Escolha: um deus dos nossos dias

O autor inglês e crítico social Os Guinness diz: "A escolha na vida moderna é central, poderosa, inquestionável e consagrada na forma como pensamos e em tudo o que fazemos"[1]. Sabemos que isso é verdade porque você e eu temos inúmeras escolhas todos os dias e em todos os lugares para onde vamos. Não é só no supermercado. Nossas escolhas são quase ilimitadas nos restaurantes, quando pintamos nossas unhas, quando inscrevemos nossos filhos em esportes, no cinema, na Starbucks, na televisão e no médico. Se estamos considerando comida, igrejas, esportes ou escolas – o poder de escolha impera.

Para nós, pessoas privilegiadas do Ocidente, "a vida se tornou um buffet com uma variedade infinita de pratos. E mais importante ainda, a escolha não é mais apenas um estado de espírito. A escolha se tornou um valor, uma prioridade, um direito. Ser moderno é ser viciado em escolha e

---

1 Os Guinness, *The Call: Finding and Fulfilling the Central Purpose of Your Life* (Nashville: W Publishing Group, 1998), 167.

mudança. Essa é a essência inquestionável da vida moderna"[2]. Em nosso contexto cultural atual, ser impedido de ter escolha é como ser violado.

Não me entenda mal: ter opções é bom. Sou grata por poder escolher como e onde educar minhas meninas nos Estados Unidos. Estou aliviada por termos opções para tratar a escoliose da minha filha. Votar e expressar minha opinião na política local é importante para mim. Vivi em lugares onde ter essas opções não era a regra, e me sentia sufocada.

Nós, no Ocidente, estamos convencidas de que a escolha nos dará liberdade, maior poder e até mesmo controle. E em muitos aspectos ela dá. O mercado revela a melhor opção. A competição leva à qualidade. A voz do povo faz uma verdadeira diferença.

Mas você já notou que, em vez de sermos donas das nossas escolhas, elas frequentemente são as nossas donas? Em vez de nos tornarmos verdadeiramente livres, ficamos encurraladas? Experimentamos uma espécie de paralisia ao ter que analisar todas as opções disponíveis a nós. E sentimos uma pressão imensa para fazer a melhor escolha.

Não apenas perguntamos: *Que tipo de cereal devo comprar*, mas também, *o que devo fazer com a minha vida? Quem sou eu? Que pessoa eu devo marcar on-line? Como posso determinar e ditar a melhor vida para mim? Como posso me proteger e proteger aqueles que amo de todos os males? Como posso obter o melhor para mim e para minha família?*

A escolha em si não é o problema. O problema surge quando você e eu começamos a acreditar que somos

---

2 Guinness, *The Call*, 165.

onipotentes por termos poder de escolha. Como uma miragem no deserto, a escolha lança uma imagem de poder que não é sustentada por nossa realidade.

Em princípio, o buffet de opções parece atraente, mas, em última análise, nos deixa num frenesi; frenéticas e frágeis.

Porque você e eu não somos Deus.

Somos limitadas pela nossa falta de poder real – fazendo escolhas na esperança de que possamos governar nossas vidas, sabendo, no fundo, que não podemos. Não temos o poder real que pensamos que as escolhas nos dariam. E por isso estamos muito cansadas. A pessoa moderna está exausta de tentar preencher o vácuo de poder com uma substância que ela simplesmente não tem.

Escolha: o deus que nos exaure

O exemplo do supermercado sobre molhos para salada é bobo e leve. Representa, todavia, a enorme variedade de opções que temos em nossa cultura do consumismo. James K. A. Smith diz que precisamos auditar a nós mesmas quando se trata de escolha. Precisamos avaliar o *ethos* de nossas famílias. Como é o ambiente em nossas casas? Ele diz que muitos lares têm "ritmos frenéticos [...] zumbindo com o mito consumista da produção e do consumo"[3]. Temos a tendência de crer que nosso valor é equivalente ao que podemos produzir e consumir. Olhamos para nós mesmas, para os produtos que escolhemos e compramos, para os métodos que escolhemos para viver, para as coisas que podemos produzir e para as escolhas de estilo de vida que fazemos em busca de nosso valor e de nossa identidade.

---

3 James K. A. Smith, *Você é Aquilo que Ama: O Poder Espiritual do Hábito* (São Paulo, SP: Vida Nova, 2017).

Como pessoas modernas tentamos encontrar a nossa identidade naquilo que produzimos e consumimos, e olhamos para as nossas opções e escolhas como se fossem antídotos para os nossos medos. Está com medo de algo? Existe um aplicativo para isso. Sempre existe *algo* que você pode consumir ou produzir para melhorar a situação. Você tem opções.

Nós vivemos segundo uma equação de variedades: tememos algo, pesquisamos as opções para resolver o que tememos, escolhemos uma, e queremos que funcione para o nosso bem.

Por exemplo, em nossas vidas pessoais, tememos a rejeição dos amigos e da família. Portanto, tentamos ser quem eles querem que sejamos. Nós pintamos um personagem que acreditamos vão amar mais. Você e eu acreditamos que podemos controlar a quantidade de aceitação, afeto e afirmação que recebemos.

Em nossa vida profissional, temos medo de não sermos suficientemente boas, de que nossos colegas descubram o fracasso que realmente somos. Portanto, clamamos para provar a nós mesmas, para tornar os nossos nomes conhecidos. Em última análise, você e eu acreditamos que podemos controlar a forma como os outros nos percebem.

Em nossa vida pública, tememos não ser apreciadas – ou, devo dizer, não receber *likes* o suficiente? Queremos que nosso nome, nossa marca, nossa imagem sejam admirados. Filtramos fotos, criamos legendas e cortamos a vida real, simplesmente assim. Minha amiga Carrie chama isso de "gerenciamento de impressão". Mais uma vez, você e eu tentamos controlar o que os outros pensam de nós.

Temamos uma quebra na economia ou a perda do emprego, por isso diversificamos os investimentos, observamos o mercado de ações, raspamos o tacho, economizamos e gastamos demais. Tememos o aquecimento global, ou o desmatamento, ou a nossa própria pegada de carbono, e por isso fazemos compras locais, usamos fraldas de pano e banimos o plástico de nossas casas.

Tememos um declínio ou uma crise em nossa saúde – câncer, depressão, Alzheimer, ganho de peso excessivo ou qualquer que seja a doença diagnosticada pelo site do *WebMD* no meio da noite. Por isso comemos comida com baixo teor de carboidrato, com pouca gordura, muita gordura, superalimentos, comida sem açúcar, apenas substitutos do açúcar, nenhum substituto do açúcar. É desnorteador.

Temos medo do que pode acontecer com os nossos filhos. Queremos apenas o que for melhor para eles. Por isso andamos como um helicóptero em volta de nossos filhos com menos de cinco anos de idade, coagimos os professores quando lhes dão notas ruins e deixamos que eles voltem a morar conosco quando fracassam ao partirem para a vida adulta.

Nós nos preocupamos com o nosso próprio futuro. Temos fundos de aposentadoria, planos de aposentadoria privada e seguro saúde de longo prazo. Pagamos adiantado pelos nossos funerais, escrevemos testamentos e tentamos deixar o suficiente para os nossos filhos.

Temos a síndrome de FOMO (do inglês, **fear of missing out**) – o medo de perder algo divertido neste exato momento. Portanto, ficamos sintonizadas com as mídias sociais, enviamos mensagens de texto aos nossos amigos e documentamos cada momento.

Nossos medos vão desde o bobo e superficial até o do tipo de vida ou morte e da eternidade sendo pesada na balança. E nossas opções para combater esses medos vêm em muitas formas e tamanhos. Nossa cultura de consumo comercializa uma miríade de destruidores de problema para você e para mim. Tudo, desde o molho de salada ao *LinkedIn*, até o coquetel de vitaminas certo, nos ajuda a sentir que estamos no controle.

Mas ao final do dia, após termos estudado todas as nossas escolhas, comprado o melhor que pudemos encontrar e trabalhado arduamente para evitar nossos medos mais profundos, ficamos um pouco ocas. Quando nossas cabeças encostam no travesseiro, suspeitamos que realmente não temos a última palavra – que não podemos, de fato, produzir ou consumir nosso meio de nos livrarmos de nossos medos mais profundos.

Fazer tudo o que podemos talvez não seja suficiente. É um fardo pesado a ser suportado.

Escolhidas em vez de escolher

Em resposta ao nosso vício de escolha e ao frenesi e a fragilidade que o acompanham, Os Guinness diz: "Em última análise, apenas uma coisa pode conquistar a escolha – ser escolhido"[4].

Somente uma coisa pode nos dar a verdadeira paz: sermos escolhidas, em vez de fazermos todas as escolhas por nós mesmas.

Ser escolhida por quem? Por Deus, o bom e soberano Rei do universo. No final das contas, são as escolhas de Deus que levam a uma paz real e duradoura. Isso é especialmente verdadeiro para o cristão. Quando colocamos toda nossa fé e esperança no Senhor, ele nos dá uma paz para guardar nosso coração que o mundo não pode compreender (Fl 4.7).

---
4 Guinness, The Call, 167.

Sabemos que ele está fazendo com que todas as coisas cooperem para o nosso bem (Rm 8.28). Mas mesmo os não cristãos experimentam a realidade de que Deus é ativo em nosso mundo. Eles podem não ter olhos para ver, mas Deus entrega a graça comum a todas as suas criaturas.

São as escolhas de Deus – as ações dele, a história dele, a vontade dele – que dão a paz; não nossas escolhas. O bom caráter, a soberania e a vontade de Deus oferecem o único antídoto suficiente a todos os nossos medos. Seguir a Cristo "neutraliza o veneno fundamental da escolha na vida moderna. 'Eu te escolhi', disse Jesus, 'não fostes vós que escolhestes a mim'. Não somos de nós mesmos, fomos comprados por um preço"[5]. E assim nós, que cremos, procuramos seguir a Cristo, não a nós mesmas.

Nós somos escolhidas. Não precisamos depositar toda a nossa confiança em nossa própria escolha.

Sabemos que Tiago, o irmão de Jesus, estava certo quando disse: "Vós não sabeis o que sucederá amanhã. Que é a vossa vida? Sois, apenas, como neblina que aparece por instante e logo se dissipa. Em vez disso, devíeis dizer: Se o Senhor quiser, não só viveremos, como também faremos isto ou aquilo" (Tg 4.14-15).

De fato, não sabemos o que o amanhã trará. Não sabemos se seremos verdadeiramente aceitas por nossos entes queridos. Se seremos consideradas suficientemente boas no trabalho. Se nossos seguidores da mídia social irão "gostar" de nós. Se a economia, o meio ambiente e o governo serão fortes e estáveis. Se estaremos saudáveis e seguras. Se os

---

5 Guinness, *The Call*, 167.

nossos filhos ficarão bem. Se o nosso futuro será bom. Se estamos perdendo uma vida e um momento melhor do que aquele que estamos vivendo.

Mas Tiago diz, *se o Senhor quiser*. Não sabemos sobre as nossas vidas e o nosso futuro. Mas Deus sabe. Você e eu podemos descansar, pois a vontade de Deus é boa. Qual é a vontade dele? A vontade dele é a boa-nova. A vontade dele é o evangelho. Você e eu podemos descansar por causa do evangelho. Podemos descansar porque estamos enraizadas, edificadas e estabelecidas em Cristo.

Somos criadas, chamadas e aceitas

Paulo disse aos romanos: "Agora, pois, já nenhuma condenação há para os que estão em Cristo Jesus. Porque a lei do Espírito da vida, em Cristo Jesus, te livrou da lei do pecado e da morte" (Rm 8.1-2). Nós, que temos um relacionamento com Jesus e que nos submetemos a ele, não estamos condenadas. Nós somos livres! Não há necessidade de criarmos uma personalidade e uma identidade que nossos amigos e familiares possam aceitar mais prontamente. Nós já fomos aceitas pela pessoa mais importante do mundo – o nosso Salvador, o nosso Criador, o único Deus verdadeiro. Por causa de Jesus, nosso Pai no céu nos aceita exatamente como somos. Você e eu já somos queridas e incondicionalmente amadas.

Como vimos no capítulo 1, nossa cultura atual do *eu* é um canto da sereia. A mensagem que nos rodeia é a que devemos ser homens e mulheres que se fazem sozinhos e inventam seu verdadeiro *eu*; seu melhor *eu*. Mas essa autorrealização requer autoconfiança, a qual nunca é suficiente. A boa notícia é que você e eu fomos criadas e já fomos chamadas. Não temos que clamar para compor nossa identidade – profissional, pública ou qualquer outra.

Efésios 2 tece essa verdade com a boa-nova da nossa aceitação. Paulo diz à igreja primitiva: "Porque pela graça sois salvos, mediante a fé; e isto não vem de vós; é dom de Deus; não de obras, para que ninguém se glorie. Pois somos feitura dele, criados em Cristo Jesus para boas obras, as quais Deus de antemão preparou para que andássemos nelas." (Ef 2.8-10).

Nós somos criadas em Cristo Jesus. Somos salvas pela graça através da fé. Nós somos feitura dele, e ele já preparou boas obras para que as realizemos. Esses poucos versículos nos dizem como chegamos aqui, por que estamos aqui e o que deveríamos estar fazendo.

Você e eu não temos que nos perguntar quem devemos ser ou do que se trata essa vida. Não temos que clamar por um propósito ou sentido. João Calvino disse: "Vemos que aqueles que põem ordem em suas vidas de acordo com seus próprios conselhos têm uma disposição inquieta"[6]. Cada uma de nós pode imaginar tempos inquietos em nossa vida, não pode? Nós já passamos por isso. Sabemos o que é tentar responder às grandes perguntas da vida sem o conselho sábio e perfeito de Deus.

A autoinvenção e a autoconfiança não são necessárias. Na verdade, elas são contrárias ao que Deus já nos deu. Nossas obras, nosso propósito e nosso sentido foram preparados de antemão para nós. Não vamos dizer ao Rei: *não, obrigada*! Vamos receber esses bons dons e caminhar neles, experimentando uma grande paz.

---

6 John Calvin, *A Little Book on the Christian Life*, trans. Aaron Denlinger and Burke Parsons (Sanford, FL: Reformation Trust, 2017), 46.

Nosso Deus está no controle hoje

Podemos dizer com o salmista: "No céu está o nosso Deus e tudo faz como lhe agrada" (Sl 115.3). Quando o Senhor estende sua mão, ninguém pode voltar atrás. Sua vontade não pode ser frustrada (Is 14.27).

Saber que Deus é todo-poderoso assim como completamente bom é o que me torna capaz de dormir à noite. Quando me preocupo com o bem-estar das minhas filhas, se meu marido e eu tomamos ou não as decisões certas, se vamos ficar bem em outro país, ou de volta aos Estados Unidos, ou onde quer que seja, se meus entes queridos que não conhecem a Cristo o conhecerão um dia, eu me lembro de que Deus é capaz.

O poder de Deus é igual à sua bondade. E que melhor demonstração disso do que a cruz de Cristo? As mãos que seguram nossa própria vida são as mesmas mãos que foram pregadas na cruz. Temos um Pai que voluntariamente entregou seu Filho por nós. Servimos a um Deus que deixou o céu e entregou sua própria vida por nós. Podemos confiar nele. Ele é todo-poderoso. E ele é *completamente* bom. Ele é o único, bom e poderoso Criador e Sustentador de tudo o que há.

Meu pai faleceu quando comecei a escrever este livro. Até onde posso dizer, ele morreu sem jamais ter confiado e crido em Deus. Nossas conversas sobre o evangelho nunca deram fruto que eu pudesse enxergar. A morte do meu pai longe de Cristo era algo com o que eu me preocupava diariamente através de orações, muitas lágrimas e súplicas documentadas em meus diários durante as três décadas em que eu segui a Jesus e meu pai não. Eu me perguntava se seria capaz de confiar no Senhor e sentir afeição por ele mesmo se meu pai morresse fora da fé.

Quando isso finalmente aconteceu, eu me vi nas palavras do profeta Habacuque do Antigo Testamento: "Ainda que a figueira não floresça, nem haja fruto na vide; o produto da oliveira minta, e os campos não produzam mantimento; as ovelhas sejam arrebatadas do aprisco, e nos currais não haja gado, todavia, eu me alegro no Senhor, exulto no Deus da minha salvação" (Hb 3.17-18).

As palavras "no Deus da minha salvação" me lembram quem é o nosso Deus. Ele é o Deus que salva. Ele é o Deus que deixou seu trono no céu em uma missão de resgate por você e por mim. Ele é o Deus que está disposto a entrar nesse espaço confuso e suportar meus erros confusos e me amar incondicionalmente.

E assim, com Habacuque, posso dizer, *ainda que*. Mesmo que o pior aconteça, mesmo que o impensável aconteça, eu me regozijarei no Deus da minha salvação. As mãos que carregam as feridas dos pregos seguram a minha vida e a sua. Podemos descansar nisso.

Nosso Deus está no controle amanhã

Provérbios 31 nos dá uma bela imagem de uma mulher que teme ao Senhor: "Reveste-se de força e dignidade; sorri diante do futuro." (Pv 31.25; NVI). Essa mulher não está preocupada com o amanhã porque ela teme ao Senhor – ou você poderia dizer que ela respeita o Senhor ou que confia nele. Ela sabe que a vontade dele é boa, por isso ela pode olhar para o futuro com um sorriso. Eu quero ser como ela. Quero sorrir,

rir, ter certeza, no fundo da minha alma, de que o nosso Deus e a sua vontade são tão bons que o amanhã é passível de risos.

Jesus usou outra imagem para descrever a fé em Deus para o futuro. Ele disse que aqueles que ouvirem suas palavras e as praticarem "será comparado a um homem prudente que edificou a sua casa sobre a rocha; e caiu a chuva, transbordaram os rios, sopraram os ventos e deram com ímpeto contra aquela casa, que não caiu, porque fora edificada sobre a rocha." (Mt 7.24-25). Você provavelmente já sabe que o tolo que construiu sua casa na areia a perdeu quando as chuvas caíram, as enchentes vieram e os ventos sopraram.

Confiar em Deus, ouvir Jesus e obedecer-lhe, é construir nosso futuro sobre um alicerce seguro. Isso é o que significa ser estabelecida em Cristo. Não importa o que venha, nós nos manteremos de pé, porque ele é um alicerce seguro.

Nós temos toda sorte de bênção espiritual

Nós, que estamos enraizadas em Cristo, também temos nele toda sorte de benção espiritual nas regiões celestiais (Ef 1.3). Não precisamos temer porque já temos toda benção. Paulo diz, em sua carta aos Efésios, que antes mesmo de o mundo ter sido formado, Deus Pai nos escolheu, nos adotou como seus filhos e nos concedeu toda bênção espiritual (Ef 1.3-5).

Em primeiro lugar, que alívio termos sido escolhidas antes mesmo de havermos nascido - antes mesmo de a terra ter sido formada. Você e eu não fizemos exatamente nada para receber nossa salvação em Cristo. Deus fez tudo. Em segundo, não apenas somos adotadas, mas também temos nele toda sorte de bênção espiritual. Nosso Pai é o dono de todas as coisas espiritualmente boas, e nos deu todas elas.

Essas bênçãos espirituais chegam até nós através do Espírito Santo, que vive em nós (1Co 3.16). Na noite anterior à crucificação de Jesus, ele disse a seus discípulos: "Mas o Auxiliador, o Espírito Santo, que o Pai vai enviar em meu nome, ensinará a vocês todas as coisas e fará com que lembrem de tudo o que eu disse a vocês" (Jo 14.26; NTLH).

O Espírito Santo não é apenas nosso auxiliador e ensinador, ele também é aquele que nos dá a paz. Jesus disse: "Deixo-vos a paz, a minha paz vos dou; não vo-la dou como a dá o mundo. Não se turbe o vosso coração, nem se atemorize" (Jo 14.27). Jesus sabia que períodos de provação estavam por vir para os discípulos: perseguição, rejeição, martírio. Mas ele não os deixou – nem a nós – sem ajuda ou esperança.

As bênçãos espirituais nos lugares celestiais nos apontam ao nosso lar verdadeiro: o próprio céu. Nossos corpos naturais um dia serão ressuscitados em corpos espirituais (1Co 15.44). Seremos incorruptíveis (15.52) e teremos a vitória final por meio de Cristo Jesus (15.57). Desfrutaremos os presentes do céu pela eternidade. Viveremos em uma cidade santa com o nosso Deus, e ele "enxugará dos [nossos] olhos toda lágrima, e a morte já não existirá" (Ap 21.4).

Entre o hoje e o céu, temos o Espírito Santo que nos dá poder (At 1.8), nos ajuda (Jo 15.26), ora por nós (Rm 8.26), nos dá dons espirituais para servir a igreja (1Co 12.4-11), nos dá paz (Jo 14.27), produz fruto espiritual em nossas vidas, tais como "amor, alegria, paz, longanimidade, benignidade, bondade, fidelidade, mansidão, domínio próprio" (Gl 5.22-23), e mais. De fato, temos o auxiliador que Jesus prometeu.

Somos pessoas de esperança

Cristãs, nós somos diferentes. Nós não temos que viver como aqueles que se perguntam se tudo ficará bem. Não precisamos nos amarrar em preocupações acerca do amanhã. Você não tem que se preocupar com a aceitação incondicional da sua família, com as promoções no trabalho, com a saúde do seu bebê, com qual faculdade cursar, em qual cidade viver ou qual apólice de seguro de vida comprar. Embora você e eu, de fato, ainda façamos essas escolhas como participantes ativas em nossa vida, nossas decisões não ditam o nosso futuro. Podemos descansar porque as nossas escolhas não têm realmente a palavra final em nenhuma esfera – Deus tem a palavra final. Lembre-se: tudo foi criado por meio dele e para ele (Cl 1.16). *Todas* as coisas.

Somos pessoas de esperança. Temos uma – e apenas uma – esperança. Mas é uma esperança robusta, e ela muda tudo. É a verdade que Jesus Cristo ressuscitou dos mortos, e nós também ressuscitaremos. Nós somos pessoas da ressurreição. Enraizadas, edificadas e estabelecidas em Cristo – essa é a nossa identidade.

Pedro, um discípulo e amigo íntimo de Jesus, negou Jesus na noite em que este foi traído, testemunhou a ressurreição, pregou sobre Jesus no Pentecostes, tornou-se um líder da igreja primitiva, foi preso por causa de Cristo e acabou sendo martirizado por sua fé. Durante uma grande perseguição, Pedro escreveu: "segundo a sua muita misericórdia [de Deus], nos regenerou para uma viva esperança, mediante a ressurreição de Jesus Cristo dentre os mortos, para uma herança incorruptível, sem mácula, imarcescível, reservada nos céus para vós" (1Pe 1.3-4).

Pedro ensaia a verdade de sua única esperança em Jesus – a mesma esperança da qual ele queria que os cristãos que foram dispersos pela perseguição se lembrassem. Ele queria que aquelas pessoas dispersas por sua fé se lembrassem de que eram pessoas de esperança. Elas eram o povo da ressurreição de Jesus. Elas nasceram de novo no reino dele, e a herança delas as aguardava – incorruptível, sem mácula e imarcescível. Elas tinham todas as bênçãos espirituais naquela época e no céu.

Os cristãos, no contexto da Roma antiga, enfrentaram grandes ameaças, abusos verbais, maus-tratos físicos e, até mesmo, a morte. Então Pedro lhes disse para prepararem suas mentes para a ação: "Ponham toda a esperança na graça que será dada a vocês quando Jesus Cristo for revelado" (1Pe 1.13; NVI). Em outras palavras, Jesus venceu a morte e está voltando, e então receberemos a nossa herança. Pedro disse para avançarmos, amigas! Ponham sua esperança no Rei Jesus. Comprometam seus caminhos a ele. Mantenham o rumo. Somos um povo de esperança verdadeira e imperecível.

O orgulho é inimigo da esperança

No encerramento da mesma carta, Pedro disse a seus leitores: "Humilhai-vos [...] lançando sobre ele toda a vossa ansiedade, porque ele tem cuidado de vós" (1Pe 5.6-7). Para receber os cuidados de Cristo, você e eu devemos ser humildes.

Já foi dito que "o orgulho é inimigo da esperança"[7]. Em nosso orgulho, dependemos de nós mesmas. Mas conhecemos

---

7 Andrew Delbanco, *The Real American Dream: A Meditation on Hope* (Cambridge, MA: Harvard University Press, 2000), 25, conforme citado em Timothy Keller, *The Reason for God: Belief in a Age of Skepticism* (New York, Penguin, 2008), 161 [edição em português: *A Fé na Era do Ceticismo: Como a Razão Explica Deus* (São Paulo: Edições Vida Nova, 2015)].

nossas próprias limitações. Nossas próprias fraquezas. Nossa fragilidade. Jesus também. E ele se preocupa conosco. Ele se preocupa tanto que morreu voluntariamente em nosso lugar e nos recebe, bem como as nossas confusões e ansiedades, exatamente como nós somos. Nós não temos esperança em nós mesmas. Não colocamos nossa esperança em nossa capacidade de dar perfeitamente direção à nossa vida e ao nosso futuro.

Colocamos toda a nossa esperança em nosso Deus ressurreto.

Aplicando a esperança à nossa provação hoje

Enquanto escrevo isto, amigos meus muito queridos estão em uma unidade de terapia intensiva pediátrica com seu filho de treze anos. Eles estão lá há duas semanas. Cerca de setenta e duas horas antes de o mundo deles virar de cabeça para baixo, meu marido e eu estávamos em um barco com eles no porto de Newport observando o pôr do sol. Estávamos com um punhado de outros pastores e suas esposas, absorvendo a doce comunhão, rindo, compartilhando histórias e lanches, e vivendo uma daquelas noites que você nunca quer que acabe (realmente uma amostra de nossa herança prometida).

Após retornar a Denver, recebi a notícia: um tumor havia sido encontrado, e o filho foi submetido a uma cirurgia por causa de um câncer agressivo. Duas semanas depois, ele ainda está no hospital. Recebemos alertas frequentes para orar pelo inchaço, pelo sangramento, por uma infecção, pelas náusea, pela vida dele.

Meu marido e eu fomos levados às lágrimas e à oração. Fizemos seminário com esses amigos. Entramos no ministério quando eles entraram. Nossos filhos têm a mesma idade, e duas delas até compartilham o mesmo nome. (Zoe, é claro, porque os pais estavam ambos na classe de Grego quando aqueles bebês chegaram!) Quando eu vejo a família deles, eu vejo a minha. A mesma idade. A mesma vocação. As mesmas crianças. Mas enquanto tenho o luxo de atualmente ter filhas saudáveis, eles estão lutando pela vida do jovem filho deles.

Mas como eles são pessoas de esperança, pessoas da ressurreição, eles lutam a partir do descanso. Com Paulo, eles dizem: "Temos, porém, este tesouro em vasos de barro, para que a excelência do poder seja de Deus e não de nós. Em tudo somos atribulados, porém não angustiados; perplexos, porém não desanimados; perseguidos, porém não desamparados; abatidos, porém não destruídos; levando sempre no corpo o morrer de Jesus, para que também a sua vida se manifeste em nosso corpo" (2Co 4.7-10).

Nossos amigos se enxergam exatamente como vasos de barro. Eles são meros vasos que, em si e por si mesmos, não são fortes. Mas eles carregam o poder mais forte: o próprio Deus. Eles estão atribulados, perplexos, perseguidos e abatidos. Mas não estão angustiados, desanimados, desamparados ou destruídos. Eles têm esperança porque carregam consigo a morte de Jesus, e a vida de Jesus. A vida de Jesus é eterna e é transmitida a você e a mim também.

Enquanto meus amigos vigiam o filho 24 horas por dia, enquanto tomam decisões com médicos e enfermeiras em cada curva, enquanto clamam em oração de joelhos, enquanto fazem tudo o que humanamente é possível pelo filho, eles o fazem a partir do descanso. Com Paulo, eles lembram-se de que: "porque as [coisas] que se veem são temporais, e as que se não veem são eternas" (2Co 4.18). Eles têm "bom ânimo" e "[andam] por fé e não pelo que [veem]" (2Co 5.6-7).

Não é que nossos amigos acreditem que o filho deles será curado definitivamente na terra. Não é que eles coloquem suas esperanças nas estatísticas ou nos cuidados médicos de última geração que lhes estão disponíveis. Não é que eles não se importem tanto quanto outros pais que possam encontrar-se devastados por esse tipo de notícia.

É que a esperança deles está em algo certo – a coisa mais certa do mundo: a vida, a morte e a ressurreição de Jesus. Como pessoas da ressurreição, eles enxergam corretamente o câncer de seu filho como "leve e momentânea tribulação [que] produz para nós eterno peso de glória, acima de toda comparação" (2Co 4.17).

Dormindo durante a tempestade

Você pode estar diante da escolha sobre qual faculdade cursar, se deve permanecer em um relacionamento ou aceitar determinado emprego, se deve matricular seu filho em uma escola particular, ir para o campo missionário, entrar para a política local, mudar seus pais idosos para sua casa, servir no ministério feminino, abraçar uma mastectomia total ou parcial – nossas escolhas são muitas. Mas, no final do dia, podemos descansar – *descansar realmente* – porque estamos estabelecidas em Cristo. Ele está no controle. E ele é bom. E ele está vivo. Ele sempre assegura que sua vontade se realize para o nosso bem e para a glória dele.

Nosso amigo, o pai do menino com câncer e que também é pastor, escreveu estas palavras:

> Apesar de o mundo oferecer muitas opções de coisas para as quais correr nesses tempos, nada do que o mundo oferece funciona. Não mesmo. No final das contas, não. Nada do que o mundo oferece pode trazer o conforto, a paz, a cura, a esperança e até mesmo a alegria que tão desesperadamente (e quero dizer, desesperadamente) precisamos nesses momentos e nessas estações da vida mais sombrias e assustadoras.
> Então, para onde devemos correr? De verdade?
> Devemos correr para o nosso Autor. Para o nosso Criador. Para o nosso Salvador. Para o Senhor nosso Deus... Pai, Filho e Espírito Santo.
> Ele é o Único. Ele é.
> Nada nem ninguém mais.[8]

Meus amigos estão experimentando a paz que Jesus prometeu dar. Eles estão descansando na obra consumada de Jesus. Caminharam tantos quilômetros com seu Salvador que estão como ele: dormindo durante uma tempestade (Mt 8.23-27). Eles podem verdadeiramente descansar porque conhecem seu bom e poderoso Deus, e confiam nele.

Somente uma coisa pode curar a ansiedade e a fragilidade que experimentamos ao tentarmos controlar a nossa própria vida. Essa única coisa é Jesus, e ele crucificado, ressuscitado e vindo novamente. O antídoto para a angústia, o pavor e a incerteza dos nossos dias é saber que ele é o derradeiro fazedor de escolhas em todas as coisas, que ele é bom, poderoso e bondoso, e que ele nos ama tanto que deu sua vida por nós.

Como estamos estabelecidas nele, assim podemos descansar nele.

---

8 Mark Hallock, 26 de novembro de 2018, https://www.facebook.com/markehallock/posts/2322280167800150.

Perguntas para reflexão

1. Em que áreas você já experimentou a vertiginosa variedade de escolhas como eu experimentei no supermercado americano? Compartilhe exemplos engraçados e sérios.

2. Você concorda que a escolha se tornou um valor, uma prioridade, um direito? Onde você vê exemplos de pessoas viciadas em escolhas?

3. O que há de bom na escolha? O que pode ser ruim na escolha?

4. De que forma você vive por esta equação: Tenho medo de alguma coisa; pesquiso as opções para evitar o que temo; escolho uma opção; e farei com que isso trabalhe para o meu bem?

5. Reflita nos seguintes versículos. Quais são os que lhe dão mais paz e descanso? Por quê?

Salmos 115.3

Provérbios 31.25

Habacuque 3.17–18

Mateus 7.24–27

João 14.26–27

Romanos 8.1–2

Efésios 2.8–10

Efésios 1.3–6

6. De que forma o orgulho é inimigo da esperança?

7. Nós, cristãos, somos pessoas de esperança. Leia 2 Coríntios 4.7-10 e reflita sobre como Deus lhe tem dado esperança em uma provação específica.

8. De que forma você pode praticar melhor o colocar a sua mente na "herança incorruptível, sem mácula, imarcescível, reservada nos céus para vós outros" (1Pe 1.4)?

7

Encontrando alegria duradoura

Quando meu marido e eu namorávamos, ele economizou seu dinheiro e comprou um carro usado que queria há muito tempo. Estamos falando do final dos anos 1990, então era o Volkswagen Jetta, roxo-escuro e muito popular. Ele estava de olho nesse carro desde que o conheci. Esse seria seu carro de homem maduro e adulto – um avanço significativo em relação ao Geo Storm que vinha dirigindo.

Depois de anos economizando e guardando, ele finalmente trouxe para casa seu orgulho e alegria e o estacionou em frente à casa que estava alugando. Quando cheguei ao local, perguntei avidamente se poderia levá-lo para dar uma volta. Com apenas uma pitada de hesitação, Mark disse que tudo bem. O câmbio era manual, e era muito divertido dirigi-lo. Engenharia alemã.

Eu retornei com o tão popular e roxo-escuro Volkswagen Jetta para a frente da sua casa e engatei a ré no novo tesouro brilhante para evitar bloquear a entrada de automóveis.

Crash.

Eu não tinha percebido o outro carro. Amassei o para-choque traseiro do carro que, para o meu namorado era novo, e lasquei a tinta tão popular e roxa-escuro (e que acabou sendo tão cara). Ainda sinto ansiedade ao pensar nisso vinte anos depois.

O que tinha sido uma fonte de grande alegria, em um minuto tornou-se uma grande decepção.

Disneylândia: o lugar mais feliz da terra

Talvez o melhor lugar para observar momentos fugazes de alegria seja a Disneylândia. Lá é possível ver uma criança passar da excitação de olhos arregalados para a raiva de olhos arregalados em menos de cinco segundos. Num segundo o pequeno está abraçando o Pateta, e no segundo seguinte está chutando e gritando porque seu sorvete caiu no chão. Da alegria à tristeza em tempo recorde.

Não são só as crianças pequenas. As crianças grandes também. Elas passam de gritos de exultação na *Space Mountain* para gritar *cala a boca* para os seus irmãos na próxima fila comprida. Os pais também não estão isentos. Na verdade, já me ouvi dizer: "Ah sim, você vai nesse brinquedo, mocinha. A mamãe não gastou todo esse dinheiro para você se acovardar agora!". Eu sei. Um momento de orgulho.

A Disneylândia é tão limpa que chega a brilhar. Todos os funcionários, ou "membros do elenco" como são chamados, são sorridentes o tempo todo. As paisagens, os cheiros e os sons mantêm sua mente se movendo de uma alegria para a outra. As paradas, os *pretzels* em forma de Mickey e o belo paisagismo fazem uma sólida tentativa de perfeição. Ali pode ser realmente o lugar mais feliz do mundo.

E ainda assim, ninguém escapa da Disneylândia sem uma birra ou um chilique. Mães e pais, avós e avôs, irmãs maiores, irmãos pequenos. Nenhum de nós consegue passar um dia na Disney, ou em qualquer outro lugar, incólume.

A alegria terrena se dissipa

Vivemos para momentos de alegria – tanto os profundos como os simples. Você e eu, e todos os outros seres humanos do planeta, buscamos diariamente as coisas que nos farão felizes. Os anunciantes, as amigas e as mídias sociais nos dizem onde encontrá-las. Tantas ideias, truques de produtividade e produtos que prometem mudar a nossa vida e nos trazer alegria.

Eu me atreveria a dizer que passamos a maior parte de nossas horas de vigília procurando maneiras de sermos felizes, buscando o segredo para a nossa satisfação, como sermos realizadas. *Se eu puder apenas colocar as crianças para dormir e tomar uma xícara de café, ficarei feliz. Se eu puder apenas entregar esse trabalho, ficarei feliz. Se eu conseguir chegar até sexta-feira à noite, ficarei feliz. Se eu conseguir entrar naquela escola... ser contratada para aquele emprego... casar-me com aquele cara... comprar uma casa naquele bairro... poupar dinheiro suficiente para comprar aquela bolsa.*

O que é complicado nesses momentos de alegria, no entanto, é que eles são temporários. Aquela hora da soneca, aquele truque que facilita a nossa vida, aquele diploma, aquele aumento são coisas que duram apenas por um tempo determinado. Mais cedo ou mais tarde, e frequentemente muito antes de estarmos prontas, o brilho dessas coisas se dissipa.

Todas nós temos Jettas muito populares e roxo-escuros, não temos? O cabelo da boneca fica emaranhado. A perna do dinossauro quebra. A mochila que todas as crianças legais estão usando é manchada por um marcador preto permanente. Os tênis super-caros e endossados por atletas famosos estão na moda por apenas um mês antes que o próximo modelo saia. O produto de bebê indispensável aos pais perfeitos sofre um *recall*. A tela do iPhone novo racha.

Mas não apenas coisas. Até mesmo pessoas, tradições e estilos de vida decepcionam. Sua querida amiga começa a evitá-la. Os valores de sua irmã passam a ser exatamente o oposto de seus próprios valores. Seu marido fica até tarde no escritório – de novo. Seus filhos ficam "respondões". Seu mentor cai. Seu pastor cede à tentação. O peru de Natal queima. O presente de aniversário não é nada do que você pediu. Sua igreja mudou. Seus vizinhos se voltaram contra você. Seu trabalho dá a sensação de ser uma perda de tempo. O terremoto. O incêndio florestal. A recessão. A perda de emprego. A doença. A morte súbita.

Em que parte do mundo você e eu podemos encontrar alegria *duradoura*?

Nosso pequeno e cauteloso ciclo de fé

Todos os cristãos devem chegar àquele momento, discutido no capítulo 3, quando percebemos que a alegria que buscamos no mundo é fugaz. Esse momento nos leva a estarmos enraizadas em Cristo, edificadas e estabelecidas nele. É nesse momento que a felicidade proporcionada pelas coisas, pessoas ou realizações se esgota e, em sua misericórdia, Jesus nos chama para si. É a bondade de Deus para nos revelar a necessidade que temos dele.

Chegamos ao fundo do poço, e sabemos que Deus nos ajudará, por isso nós recorremos a ele. Respiramos fundo e sussurramos uma oração por paciência no trabalho. Ou fazemos uma pausa na despensa e pedimos ao Espírito para intervir em nossa ira.

Tomamos consciência de que, *de alguma forma*, a alegria só é encontrada em Jesus.

Mas e se recorrermos a um deus que é feito de uma substância que nós inventamos e impomos sobre ele, inconscientemente? Um deus com atributos que evocamos acidentalmente? Um salvador que, sem querer, mas de forma notável, se assemelha a uma versão um pouco melhor de *nós*?

Eis o que frequentemente vejo em mim e nos outros: nós nos voltamos para um deus feito à nossa imagem – um deus que é cauteloso e pequeno, e que se interessa principalmente pelo nosso conforto, pela nossa segurança e pelo nosso sucesso. Um deus que quer abençoar nossos melhores esforços. Um deus que quer que sejamos saudáveis, e cheguemos com segurança a cada destino, e alcancemos cada marco do nosso sonho.

Esse deus nunca nos pediria para fazer nenhuma loucura. Esse deus não nos pediria para suportar as dificuldades. Esse deus existe apenas para o nosso bem – e nós definimos como é esse "bem".

Não tenho certeza do que vem primeiro aqui: o deus que inventamos, a fé que temos nele ou o chamado que pensamos que ele nos fez, mas todos alimentam uns aos outros em um ciclo contínuo. O deus à nossa imagem é cauteloso e pequeno. A fé que temos nele é fraca e insuficiente. Os chamados que perseguimos são realizáveis com a nossa própria força e o nosso próprio poder. Dessa forma, mantemos a nossa jornada de fé gerenciável, sob o nosso próprio controle. É uma busca pela alegria com pouco risco.

```
        deus cauteloso
          e pequeno

  Chamado              Fé fraca e
 realizável e          insuficiente
 gerenciável
```

Sou tão atraída por esse pequeno ciclo quanto qualquer outra pessoa. Os objetivos em minha comunidade são saúde, boa educação para os nossos filhos, uma forte conta de aposentadoria e muitos esportes nos fins de semana. Estamos todos torcendo uns pelos outros enquanto perseguimos nossos pequenos sonhos e afirmamos que isso é o que o nosso pequeno deus queria.

Aqui está o sinal revelador de que nosso deus, nossa fé e nosso chamado são pequenos e criados pelo *eu*: nos encontramos no centro de todos eles. Você e eu devemos nos perguntar se os valores de nosso deus são idênticos aos nossos. Será que reformulamos a Bíblia para que ela corresponda às nossas preferências, em vez de sermos transformadas por ela? Será que estamos vivendo exatamente como nossos amigos e familiares não cristãos e simplesmente lançando um #abençoado em tudo o que fazemos? Será que temos sido esticadas além de nós mesmas?

Em nossa busca por alegria, estamos vivendo para nossa própria glória, nosso próprio nome, nosso próprio sucesso? Podemos dizer, honestamente, que o nosso Cristianismo requer *fé*? Porque o que Jesus nos pede requer uma grande fé. Ele pede a você e a mim que morramos. E, nessa morte, ele promete alegria.

Concluímos, no capítulo 1, que o canto da sereia do *eu* é forte. Na mitologia grega, as sereias eram ímãs para os marinheiros, fazendo com que eles naufragassem nos penhascos rochosos. Hoje, minha autopreservação, autoexaltação e autopromoção são cantos da sereia aos quais é difícil resistir. Quando me aproximo demais deles, minha alegria naufraga.

O *eu* é a sereia que impede os incrédulos – e até mesmo os crentes – de terem alegria duradoura.

Jesus destrói o pequeno ciclo

Jesus destrói o nosso pequeno e cauteloso ciclo de fé quando diz: "Se alguém quer vir após mim, a si mesmo se negue, tome a sua cruz e siga-me. Quem quiser, pois, salvar a sua vida perdê-la-á; e quem perder a vida por causa de mim e do evangelho salvá-la-á" (Mc 8.34-35). Esse chamado de negarmos a nós mesmas, tomarmos a nossa cruz e seguirmos a Jesus não é nem pequeno, nem gerenciável.

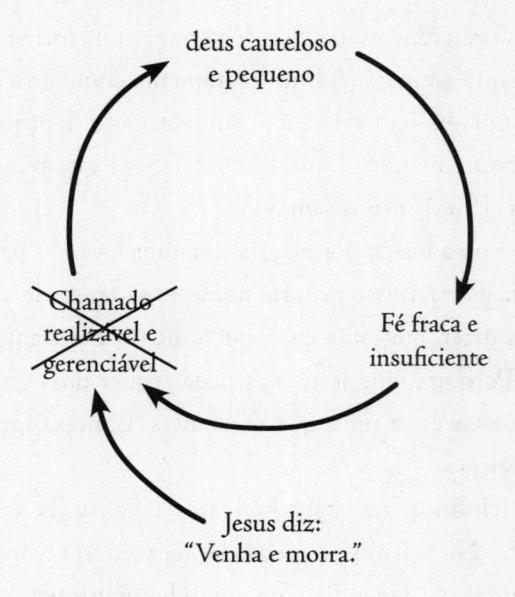

```
        deus cauteloso
         e pequeno
    ↗              ↘
Chamado
realizável e        Fé fraca e
gerenciável         insuficiente
  (riscado)
    ↑              ↙
         Jesus diz:
       "Venha e morra."
```

A verdade é que a Escritura nos chama a viver um ciclo grande, arriscado e que nega o *eu*. Para responder a esse chamado, precisamos de um Deus grande, que seja capaz de fazer grandes coisas em nós e através de nós. Precisamos de uma fé que seja robusta e não rejeite coisas difíceis – uma fé que reconheça que as coisas difíceis são, de fato, o que Deus projetou para o nosso bem e para a glória dele.

E aqui está o pontapé inicial. Aqui está o paradoxo da fé cristã, que muda a vida. É assim – *é assim*! – que se encontra a alegria duradoura: Quando você e eu estamos enraizadas, edificadas e estabelecidas no evangelho - quando acreditamos em nosso grande Deus, somos sustentadas por uma grande fé que só ele pode dar, e damos nossas vidas para responder ao grande chamado dele – nós encontramos alegria.

Quem perder sua vida por minha causa, salvá-la-á.

Mas antes de refletirmos sobre o grande paradoxo da fé genuína — a saber, que morrer para si mesmo levará a uma alegria duradoura — lembremos primeiro do chamado que Deus nos faz para nos identificarmos com o nosso Salvador. Lembremos que Jesus, de fato, insiste que seus verdadeiros seguidores carreguem sua própria cruz.

Precisamos do lembrete, pois, sejamos honestas, essa verdade muitas vezes se perde em nosso confortável contexto cristão ocidental.

Jesus realmente diz venha e morra

Os Guinness diz: "Para muitos crentes, a vida cristã é a vida boa hoje: ela simplesmente 'vai melhorar com Jesus' mesmo que não haja Deus ou Ressurreição"[1]. É por isso que temos que nos perguntar se a nossa vida parece diferente da vida de nossos vizinhos, amigos e familiares não cristãos. Estamos vivendo uma vida distintamente cristã? Será que realmente buscamos seguir a Jesus?

A vida distintamente cristã é uma vida totalmente entregue ao Senhor. Não de forma perfeita, é claro. Não alcançaremos a perfeição até o céu. Mas será que a sua vida é marcada por um desejo cada vez maior de parecer-se com o nosso Salvador?

O pastor e teólogo alemão Dietrich Bonhoeffer disse celebremente em seu livro O Custo do Discipulado: "Quando Cristo chama um homem, ele o ordena a vir e a morrer"[2]. Um sincero dissidente dos nazistas, precisamente por causa

---

[1] Os Guinness, *The Call: Finding and Fulfilling the Central Purpose of Your Life* (Nashville: W Publishing Group, 1998), 209.
[2] Dietrich Bonhoeffer, *Discipulado* (Cajamar, SP: Mundo Cristão, 2016).

de sua identidade com Cristo, Bonhoeffer foi executado por enforcamento em um campo de concentração pouco antes do fim da Segunda Guerra Mundial.

Enquanto Bonhoeffer e inúmeros outros cristãos sofreram um martírio por sangue, todos nós somos chamados a, *pelo menos*, sofrer um martírio caracterizado "por abandonar tudo por amor a Deus. O discipulado, portanto, significa um [...] funeral de nossa própria independência"[3].

A proposta de Jesus para nós é como a de seu Pai para ele. Jesus pode ser o nosso Messias porque ele veio e morreu. A salvação vem por meio da morte. E nós só podemos ser discípulas dele se fizermos o mesmo. Somos salvas pela morte dele, e santificadas em um milhão de menores mortes nossas enquanto o seguimos.

Vemos esse chamado para morrer, vez após vez, na Bíblia. Somos chamadas a fazer morrer nossa independência e a viver sob o senhorio de Cristo. Você não encontrará essa mensagem exibida em canecas de café, nas almofadas ou nos livros mais vendidos, mas ela está nas páginas das Escrituras:

> "Quem ama a sua vida perde-a; mas aquele que odeia a sua vida neste mundo preservá-la-á para a vida eterna."
> (Jo 12.25)

> "Ou, porventura, ignorais que todos nós que fomos batizados em Cristo Jesus fomos batizados na sua morte?"
> (Rm 6.3)

---

3 Guinness, *The Call*, 207.

"Dia após dia, morro!" (1Co 15.31)

"Estou crucificado com Cristo; logo, já não sou eu quem vive, mas Cristo vive em mim." (Gl 2.19-20)

"Porque morrestes, e a vossa vida está oculta juntamente com Cristo, em Deus." (Cl 3.3)

Escolher a morte não é natural para nós. Queremos segurança, conforto e sucesso no pequeno ciclo. Eu tomo um analgésico sempre que me sinto ameaçada por uma dor de cabeça. Usamos cinto de segurança. Compramos poltronas reclináveis. Colocamos redes de proteção nos trampolins e capacetes nas cabeças de nossos filhos. Buscamos proteção, não morte. Mas quando se trata da nossa vida espiritual, Jesus ordena o oposto.

Se seu livro devocional, seu estudo bíblico feminino, seu pastor, seu autor cristão favorito ou sua melhor amiga cristã não a encorajam a vir e morrer, um alarme deve soar em sua cabeça. Se as mensagens dessas pessoas são de autopreservação e autopromoção, você sabe que elas não correspondem à palavra de Deus. Se elas quiserem abençoá-la no pequeno ciclo, você sabe que essa não é a vida que Jesus tem para você.

Como o pecado nos mantém presas no pequeno ciclo

O pecado insiste em que o meu caminho é melhor do que o caminho de Deus. Para muitas de nós cristãs, o pecado é um compromisso com o pequeno ciclo e uma relutância em ser destroçado pelo chamado de Jesus.

Guinness coloca as coisas da seguinte maneira: "O pecado é 'a reivindicação do direito a mim mesmo' – e, portanto [...] a raiz de um relativismo profundo e inescapável"[4]. Em outras palavras, quando dizemos: "Meu deus jamais ordenaria isso", ou "Meu Jesus nunca faria aquilo", ou quando desafiamos: "Deus realmente disse aquilo?", nós pecamos. O pequeno ciclo de fé é tão antigo quanto Adão e Eva.

Êxodo 20.3 diz: "Não terás outros deuses diante de mim". Mas quando você e eu insistimos em administrar a nossa fé e controlar o chamado e os mandamentos do nosso Deus, nós nos colocamos à frente dele. Nós respondemos interiormente: *Não, na realidade, Deus não disse isso. Ele não quer realmente que eu morra.* E muitas vezes, a máquina da cultura cristã ao nosso redor reforça essa visão. O pecado é procurar inventar a mim mesma em vez de me parecer com meu Salvador e Criador.

Se você e eu estivermos dispostas a vir e morrer como Jesus insiste, então devemos primeiramente estar convencidas de que segui-lo é melhor do que seguir a nós mesmas. As palavras dele são mais importantes do que as nossas. A vontade dele é maior do que a nossa. Nós nos submetemos a ele. Submeter-se, render-se e sofrer é ser radicalmente contracultural. Buscar o nome e a glória de Jesus, até o sofrimento e a morte, é ser vista pelo mundo (e às vezes até pela igreja) como uma louca por Cristo (1Co 4.10).

Morrer para si mesma não é apenas radicalmente contracultural. É também radicalmente contraintuitivo. Perseguir a morte e a dor vai contra a nossa carne, nossa intuição e tudo o que está naturalmente dentro de nós.

---

4 Guinness, *The Call*, 204.

Mas Cristo nos chama, o Espírito nos capacita e o Pai se agrada de nós quando obedecemos. É aí – no ato de tomar a cruz – que você e eu experimentamos o grande paradoxo da fé genuína.

Na matemática de Deus, morrer para si mesma leva a uma alegria duradoura.

A alegria abastecida pelo evangelho

Em seu livro *A Esposa do Pastor*, Gloria Furman diz às mulheres: "Somente a misericórdia demonstrada a nós na cruz pode nos inspirar a edificar nosso lar sob a liderança do nosso marido para a glória de Cristo"[5]. Embora ela esteja falando especificamente às esposas no contexto do casamento, essas palavras são marcadamente aplicáveis a todos os cristãos para cada ato na vida cristã.

Somente a misericórdia demonstrada a nós na cruz pode nos inspirar a fazer *qualquer* coisa que exija rendição, submissão ou sofrimento. Naturalmente, você e eu nunca nos moveríamos em direção à autonegação. Mas não podemos deixar de nos comover por causa de Jesus quando consideramos que "Deus tornou pecado por nós aquele que não tinha pecado, para que nele nos tornássemos justiça de Deus" (2Co 5.21; NVI).

Nosso pecado pela justiça dele. Nossa escuridão pela luz dele. Nossa destruição pela restauração dele. Nossa morte merecida pela vida eterna dele. O inferno pelo céu.

Quando nos lembramos do evangelho, não podemos deixar de ser gratas! Não podemos deixar de ser alegres!

---

5 Gloria Furman, *A Esposa do Pastor: Fortalecida pela Graça para uma Vida de Amor* (São José dos Campos, SP: Editora Fiel, 2018).

De fato, esse é o cerne da mensagem de Paulo aos Colossenses. Ele os instruiu: "Ora, como recebestes Cristo Jesus, o Senhor, assim andai nele, nele radicados, e edificados, e confirmados na fé, tal como fostes instruídos, crescendo em ações de graças." (Cl 2.6-7).

Essas mesmas palavras são a inspiração e a estrutura deste livro, e estão exatamente onde você e eu podemos encontrar alegria duradoura. Recebemos Cristo por meio de impressionante graça (Cl 2.6). Enquanto éramos suas inimigas, ele morreu por nós. E nós caminhamos com uma graça impressionante enquanto o próprio Deus supre tudo aquilo de que precisamos. Se estivermos enraizadas nessa graça impressionante, imerecida e espantosa, se estivermos edificadas nela, e tivermos nossa vida estabelecida nela, abundaremos em ações de graças (Cl 2.7). Essa gratidão nos levará necessariamente a uma alegria duradoura.

Essa alegria enraizada, edificada e estabelecida nunca perderá seu brilho.

Nós abundamos em ações de graças quando meditamos no evangelho, a maior troca da história. Como diz o antigo hino: "Jesus pagou tudo, a ele tudo devemos; o pecado tinha deixado uma mancha carmesim, ele a deixou branca como a neve"[6]. E a alegria vem. Ela vem inundando com a vida eterna, o Espírito que habita em nós e o prazer de Deus quando nos lembramos que Jesus pagou por tudo isso.

Saber que "Deus, sendo rico em misericórdia, por causa do grande amor com que nos amou, e estando nós mortos em nossos delitos, nos deu vida juntamente com Cristo"

---

6 Elvina M. Hall, *Jesus Paid It All*, 1865.

(Ef 2.4-5) nos torna dispostas a fazer qualquer coisa que Jesus nos peça. O evangelho confirma para nós a bondade dele, seu caráter e sua confiabilidade, para que estejamos prontas, e até desejosas, para dar a nossa vida por ele.

É no evangelho que reconhecemos que a nossa vida é passageira. Nossa energia, nosso poder e nossa autoajuda são pequenos e temporais. Mas a história, a vida, o poder e o propósito de Jesus são eternos. Ele é para todo sempre, amém. Nele se encontra a alegria duradoura.

O ciclo da grande fé que nega o eu

São os atos de lembrar e ensaiar o evangelho que nos tornam dispostas a sair do ciclo pequeno, cauteloso, inventado e gerenciado pelo *eu*, e a confiar em Jesus. São os atos de lembrar e ensaiar o evangelho que nos tornam dispostas a perder a nossa própria vida para encontrar a vida real.

A alegria abastecida pelo evangelho nos lembra de que servimos a um grande Deus que nos dá uma grande fé e nos capacita a responder a seu grande chamado sobre a nossa vida. A alegria abastecida pelo evangelho prefere e prioriza a abnegação, pois ela sabe e crê que é melhor dar do que receber (At 20.35).

O chamado que Jesus faz a seus seguidores – para negar a nós mesmos e perder a nossa vida – se apresentará de muitas formas singulares, assim como existem cristãos singulares. Nosso Deus é criativo, e nós somos feitura dele (Ef 2.10). Nossos chamados serão tão diversos quanto nós – mas todos eles exigirão que neguemos a nós mesmos.

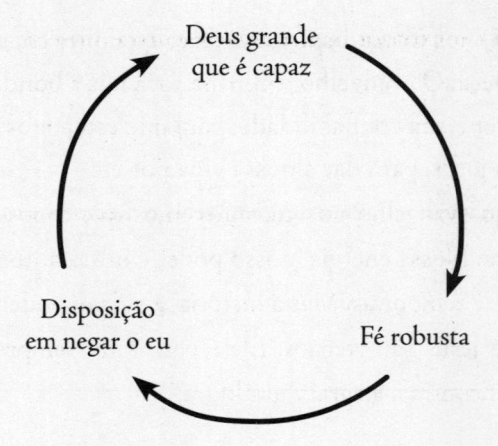

```
        Deus grande
        que é capaz
    ↗              ↘
Disposição        Fé robusta
em negar o eu
    ↖              ↙
```

Seu chamado pode ser lidar bem com o que Deus ordena em sua vida, tal como servir sua família ou seus vizinhos, caminhar por um diagnóstico terminal ou ser um bom mordomo da abundância que ele tem dado a você. Ou seu chamado pode levá-la para fora do comum — ao campo missionário, ao trabalho com os pobres ou à adoção.

Como seguidoras de Cristo, não sabemos o que o amanhã trará. Não podemos ter certeza do que Jesus vai nos pedir. Mas podemos saber que isso exigirá que você e eu neguemos a nós mesmas, tomemos a nossa cruz e morramos com ele. Nos anos 1500, João Calvino disse: "Aqueles que o Senhor escolheu e condescendeu em receber em comunhão com ele devem preparar-se para uma vida dura, laboriosa, perturbada e cheia de muitos e variados tipos de males"[7].

De fato, a vida cristã é árdua. Confiar em Jesus quando seu jovem filho sofre de câncer é difícil. Confiar em Jesus quando seu pai morre fora da fé salvadora é difícil. Mudar sua

---

7 John Calvin, *A Little Book on the Christian Life*, trans. Aaron Denlinger and Burke Parsons (Sanford, FL: Reformation Trust, 2017), 57.

família para o exterior, a um lugar escuro e brilhar a luz de Cristo é difícil. Adotar crianças traumatizadas que estavam em lares temporários é difícil. Amar seus inimigos é difícil. Dar sacrificialmente é difícil. Mas quando os seguidores de Cristo "se lançam na graça de Deus, eles experimentam a presença e o poder nos quais há ajuda suficiente e abundante"[8].

Quando a autopreservação, a autoajuda e a autopiedade acabam, Jesus está lá. Ele nos dá livremente sua presença e seu poder. Ele é a nossa ajuda. Ele nunca nos deixará ou nos abandonará (Hb 13.5).

Pedro: negou a Jesus, depois negou o eu

Pedro era um dos amigos mais próximos de Jesus e um dos seus discípulos mais queridos. Ele deixou sua vida para seguir Cristo em tempo integral (Mt 4.18). Ele aventurou-se a sair e caminhou sobre as águas até Jesus (Mt 14.29). Claramente, ele colocou toda sua esperança em Jesus.

No entanto, na noite em que Jesus foi levado sob custódia, Pedro negou estar associado a ele – três vezes (Lc 22.54-62). A autopreservação venceu, e, com medo, Pedro distanciou-se do seu Senhor.

Mas por causa da grande misericórdia e providência de Deus, Jesus triunfou sobre a morte, foi ressuscitado e reapareceu a Pedro, aos outros discípulos e a centenas de outras pessoas. Em vista do grande poder e da grande misericórdia de Jesus, Pedro se comprometeu de novo com Cristo e com a proclamação do evangelho.

---

8 Calvin, *Little Book on the Christian Life*, 62.

Pedro, ousadamente, pregou o evangelho diante de uma multidão no dia de Pentecostes (At 2.14-41) de tal forma que três mil novos crentes foram batizados. A pregação ousada e contínua de Pedro o levou à prisão, mas mesmo isso não conseguiu detê-lo. Ele proclamou: "Antes, importa obedecer a Deus do que aos homens" (At 5.29), e ele continuou a fazer exatamente isso. Finalmente, ele se viu em Roma, sob o reinado do cruel imperador Nero, e enfrentando a morte certa.

Calvino diz: "Quando [Pedro] refletiu sobre a morte selvagem que iria sofrer, ele foi atingido de horror, e teria fugido voluntariamente. Mas o pensamento de que ele foi chamado a essa morte por ordem de Deus veio então em seu auxílio, conquistando e pisoteando seu medo, de modo que ele, voluntaria e alegremente submeteu-se à morte"[9].

Pedro, reconhecidamente tímido e algumas vezes interessado em si mesmo, ao recordar-se do evangelho, entregou sua vida com alegria pelo nome de Jesus. A história da Igreja e a tradição comum dizem que ele pediu para morrer por crucificação de cabeça para baixo, sentindo-se indigno de morrer da mesma forma que o seu Senhor. Pedro estava enraizado, edificado e estabelecido na fé, o que o levou à gratidão, a uma grande alegria e à disposição de dar sua vida por seu Senhor.

É improvável que você e eu enfrentemos uma crucificação de cabeça para baixo. Mas será que enfrentaremos com alegria o que quer que Deus peça de nós? Será que nos permitiremos ser impulsionadas pela gratidão do evangelho para longe de nós mesmas e em direção ao nosso Senhor? Será que abriremos nossos punhos cerrados de tanto buscar a

---

9 Calvin, *Little Book on the Christian Life*, 81.

autopreservação e nos lembraremos daquele que não conheceu o pecado e assumiu o nosso, e então daremos alegremente nossa vida a ele?

Por causa da alegria que nos está proposta

Foi por causa *da alegria que lhe estava proposta* que Cristo suportou a cruz (Hb 12.2). Novamente: Jesus suportou *voluntariamente* a cruz por você e por mim por causa da *alegria*. Ele fixou seus olhos na alegria que viria decorrente da entrega de sua vida. O escritor de Hebreus nos diz "considerai, pois, atentamente, aquele que suportou tamanha oposição dos pecadores contra si mesmo, para que não vos fatigueis, desmaiando em vossa alma" (Hb 12.3). Quando consideramos Jesus – quando nos lembramos do evangelho e, como resultado, somos movidas pela gratidão e alegria – não desmaiamos em nossa alma.

Se o nosso Deus transformou a morte de Jesus em alegria, então podemos confiar nele para fazer o mesmo com a nossa. Por causa da alegria que nos está proposta, podemos carregar a nossa cruz. De fato, não há outra maneira de obter alegria duradoura.

A alegria vem de carregarmos a nossa cruz.

As possibilidades são, para você e para mim, de que essa busca pela alegria através da morte implicará em morrer mil pequenas mortes todos os dias. Honrar nossos pais quando temos certeza de que eles estão errados. Respeitar os nossos professores que difamam o nosso Deus. Despertar no meio da noite por causa do bebê. Cumprimentar nosso marido com um beijo à noite, após ele ter ferido nossos sentimentos pela manhã. Servir nossos chefes que apenas servem a si mesmos.

James K. A. Smith diz: "Demasiadas vezes procuramos o Espírito no extraordinário quando Deus prometeu estar presente no ordinário"[10]. O Espírito nos encherá de alegria enquanto permanecemos nele, caminhamos com ele e o servimos em vez de servirmos a nós mesmas de inúmeras maneiras a cada dia. Isso não tem que ser complicado. É dar um copo de água fria em nome de Jesus. É gentileza.

É amar a Deus e amar ao próximo mais do que a si mesma.

Você e eu que estamos em Cristo não somos cativas das alegrias deste mundo que desvanecem. Não somos impelidas por Jettas roxo-escuros, viagens à Disneylândia e café da tarde enquanto as crianças tiram a soneca. Com toda a certeza, aproveite o carro novo, as férias em família e a deliciosa xícara de café; eu certamente aproveito! Mas devemos nos lembrar de que, embora essas coisas sejam boas e dignas de nosso prazer, elas não são definitivas.

Nossa alegria final não vem daqui. Nossa alegria duradoura não é temporária. Ela não é criada por nós mesmas.

Jesus nos deu esta promessa: "Se guardardes os meus mandamentos, permanecereis no meu amor; assim como também eu tenho guardado os mandamentos de meu Pai e no seu amor permaneço. Tenho-vos dito estas coisas *para que o meu gozo esteja em vós, e o vosso gozo seja completo.*" (Jo 15.10-11). Essas palavras foram ditas pelo Deus-homem que foi pendurado numa cruz por você e por mim, e para a alegria dele próprio. Podemos confiar nas palavras dele.

---

10 James K. A. Smith, *Você é Aquilo que Ama: O Poder Espiritual do Hábito* (São Paulo, SP: Vida Nova, 2017).

Podemos crer no que Jesus diz. Se entregarmos a nossa vida e caminharmos nos mandamentos dele, a alegria dele estará em nós e a nossa alegria será completa.

A alegria duradoura existe. Ela está lá para ser encontrada e recebida. Ela vem das mãos do doador da vida. Ela existe para você e para mim e para todos os que resistem ao canto da sereia do *eu*.

Nesta era do *eu*, chega de falar de você e de mim. Que estejamos tão enraizadas, tão edificadas e tão estabelecidas no evangelho que a nossa gratidão abunde e a nossa alegria seja completa.

※

Perguntas para reflexão

1. Onde você tende a buscar alegria fugaz? Em uma xícara de café, em um carro novo, em sua carreira? Fale sobre como essas coisas não são ruins. Essas coisas são bons presentes e se destinam a nos dar prazer, mas não são fonte de alegria duradoura.

2. Você se encontra no pequeno ciclo? Você se encontra tentando seguir a Cristo, mas com pouco ou nenhum risco? Você pode dizer honestamente que precisa de fé para aquilo que acredita que Deus a chamou?

3. O que você pensa quando considera as palavras de Jesus em Marcos 8.34-35? Como você se sente em relação a perder sua vida e a tomar sua cruz? Seja aberta e honesta; convide suas irmãs em Cristo para ajudá-la a lutar contra o que a faz buscar a autopreservação ou a abraçar a autonegação.

4. De que forma a misericórdia demonstrada a nós na cruz nos inspira a fazer qualquer coisa que exija rendição, submissão ou sofrimento?

5. Descreva um momento em que Deus a capacitou para estar no grande ciclo. Como foi enxergar Deus como um Deus grande, ter uma grande fé e responder a um grande chamado? Você permaneceu no grande ciclo? Ele se expandiu? Você pulou fora?

6. Reflita sobre a vida de Pedro. De que forma Pedro a encoraja?

7. Você realmente crê que se o nosso Deus transformou a morte dele em alegria, então podemos confiar nele para fazer o mesmo com a nossa? Por causa da alegria que lhe está proposta, você está pronta para carregar sua cruz? Compartilhe com suas amigas o que é essa cruz e peça-lhes que orem com você por fé para seguir em frente.

8. Na era do *eu*, qual é o seu plano para buscar a alegria duradoura? Ore e peça ao Espírito que a guie e a capacite para essa busca digna e vitalícia.

Conclusão

"Faça o que te faz feliz".

Destacado em fotos editadas do Instagram, em quadros-negros e em capas de jornais, esse costumava parecer um ótimo conselho, até que nós tentamos colocá-lo em prática e não funcionou.

Tentamos ter mais tempo sozinhas. Mais pausas para o café. Mais ioga. Mais carreiras gratificantes. Melhor remuneração. Melhores cuidados infantis. Lares mais agradáveis. Carregadores ergonômicos de bebês. Casamento tardio. Casamento precoce. Nenhum casamento. Talvez a dieta paleo. Ou a dieta keto. Ou talvez mais carboidratos. Mais exercício. Mais cochilos.

Nós, mulheres ocidentais, já ceamos no buffet de opções. Nós realmente tentamos entender as coisas. Por mais que pratiquemos o "faça o que te faz feliz", ainda estamos ficando aquém das expectativas. Fazer isso não está entregando o que promete. Na verdade, estudos mostram que estamos menos felizes do que nunca.

Agora sabemos que é porque não fomos realmente feitas para viver para nós mesmas. Você e eu fomos feitas à imagem de Deus a fim de vivermos para a glória dele; nós somos personagens da história *dele*. Como diz uma confissão da igreja de vários séculos de idade, estamos aqui para glorificar a Deus e gozá-lo para sempre[1]. Nosso bem e a glória de Deus estão ligados.

Nosso Deus – nosso Autor e Redentor – é misericordioso, poderoso, justo e digno de confiança, e ele incessantemente busca (e busca diariamente) a mim e a você. Ao caminharmos à imagem dele – conforme vivemos nosso propósito de vida – será para a glória dele e não para a nossa. Nossa alegria vem à medida que somos a imagem de Jesus.

Jesus, que deixou seu trono no céu e voluntariamente viveu a vida perfeita que você e eu nunca poderíamos viver, que voluntariamente ficou pendurado numa cruz para pagar por seus pecados e pelos meus, e que ressuscitou vitorioso do túmulo, diz: "Quem acha a sua vida perdê-la-á; quem, todavia, perde a vida por minha causa achá-la-á" (Mt 10.39).

A boa vida é encontrada ao perdê-la. Se é para você e eu sermos felizes, a nossa vida deve estar escondida em Cristo Jesus (Cl 3.3). Gozar Deus e trazer-lhe glória é para o nosso bem.

Talvez o ditado popular devesse ser ajustado para: "Faça o que te faz *santa*".

Ou que tal: "Faça o que te faz santa, porque isso te fará feliz, pois Jesus, que é o doador da vida, diz que a verdadeira vida se encontra ao carregar a sua cruz, após ele".

Não é uma frase que pega muito. Não é provável que venda muitas almofadas na *Target*. Mas é a verdade. A autonegação, o carregar a nossa cruz, é como você e eu encontraremos a alegria duradoura pela qual ansiamos.

---

1 Breve Catecismo de Westminster (P. 1).

Ninguém se desvia em direção à santidade

Mas esse ato de carregar a cruz – esse viver para a glória de Deus – não vem naturalmente para você e para mim. Apesar de ser, de fato, para o nosso bem, ninguém se desvia em direção a carregar a cruz. O teólogo e professor D. A. Carson diz:

> As pessoas não se desviam em direção à santidade. Fora do esforço movido pela graça, as pessoas não gravitam em direção à piedade, à oração, à obediência, às Escrituras, à fé e ao deleite no Senhor. Nós nos inclinamos à concessão e chamamos isso de tolerância; nós nos inclinamos à desobediência e chamamos isso de liberdade; nós nos inclinamos à superstição e chamamos isso de fé. Apreciamos a indisciplina do autocontrole perdido e a chamamos de relaxamento; somos desleixados à ponto de pararmos de orar e nos iludimos pensando que escapamos do legalismo; deslizamos em direção à falta de piedade e nos convencemos de que fomos liberados.[2]

Colocando de outra forma, nós nos desviamos em direção ao *eu*. Santidade requer intencionalidade. Se quisermos buscar uma alegria duradoura, devemos estar enraizadas, edificadas e estabelecidas no evangelho. E isso exige um esforço orientado pela graça, como diz Carson. Exige a ajuda do Espírito Santo, a submissão de nossa carne, o abandono de nós mesmas como nossa maior prioridade.

---

2 D. A. Carson, *For the Love of God: A Daily Companion for Discovering the Riches of God's Word* (Wheaton, IL: Crossway Books, 1998), 2:23.

Longe de Jesus, não podemos fazer nada (Jo 15.5). Devemos permanecer nele, e ele em nós. Devemos renovar constantemente nossa mente através da Palavra de Deus, do povo de Deus e com a ajuda do Espírito de Deus. Dessa forma, nos empurramos contra a rebentação que nos puxa para o pequeno ciclo. Por meio do esforço impulsionado pela graça – as disciplinas espirituais capacitadas pelo Espírito Santo – podemos nadar contra a corrente da cultura e da carne e nos estabelecer no grande ciclo.

O grande ciclo se expande

O que é notável sobre o grande ciclo é que ele expande. Ele não permanece o mesmo, em forma circular. Ele cresce para fora, como um furacão. Isso é crescimento espiritual ou santificação. Como diz Paulo: "o nosso homem interior se renova de dia em dia" (2Co 4.16).

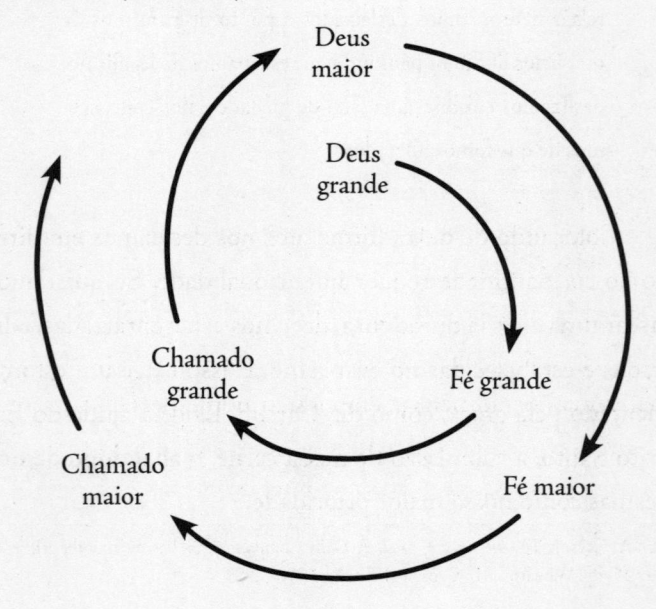

À medida que você e eu crescemos em nossa compreensão do nosso grande Deus, nossa fé aumenta, e somos equipadas para responder ao grande chamado dele. Nesse ponto, porém, não voltamos ao nosso entendimento original de Deus. Nossa compreensão se expande. Nossa fé se expande. E nosso chamado se expande. Quanto mais o conhecemos, mais confiamos nele e mais somos habilitadas, capacitadas e ficamos dispostas a fazer as coisas no nome dele.

Crescemos em nossa salvação desde a infância até a maturidade (1Pe 2.2). Despojar-se do antigo *eu* e revestir-se do novo *eu* não é um evento único (Ef 4.22-24). É uma busca vitalícia que cresce com a nossa fé irradiando cada vez mais longe, a glória de Deus se tornando cada vez mais brilhante e a nossa alegria se intensificando cada vez mais.

Pense em Pedro. Como um cristão novinho em folha, ele precisava de muita fé para abandonar sua vida e seguir Jesus. Mas à medida que ele foi crescendo no conhecimento cada vez melhor do seu Senhor, sua fé também cresceu. Ele começou a crer que Jesus realmente podia curar os doentes e alimentar os famintos. Depois, ele teve fé para pregar Cristo corajosamente e sofrer a prisão e a rejeição de seus compatriotas. Por fim, ele teve fé para ser crucificado de cabeça para baixo em nome de Jesus.

O mesmo é verdade em relação à sua jornada de fé e à minha. No início, podemos ter dificuldade para realizar tarefas aparentemente pequenas que Jesus confia a nós. Pode ser que tremamos ao pensar em citar o nome de Deus na reunião familiar. Mas então tentamos – e a nossa compreensão de Deus cresce, a nossa fé cresce e o nosso chamado cresce. Assim, começamos também a falar de Jesus aos nossos colegas de trabalho, aos vizinhos e aos amigos. Um dia nos encontramos compartilhando o evangelho com nosso inimigo, um prisioneiro, um não-crente em um país escuro e distante. Nosso grande ciclo se expande.

Eu penso na minha amiga Shannon. Ela se juntou a um grupo de amigas em uma viagem missionária ao Sudeste Asiático e lá conheceu a Cristo. Sua jornada cristã provou que Deus era fiel vez após vez. Sua trajetória com o Senhor deu lugar a chamados cada vez maiores. Após seu tempo no Sudeste Asiático, ela teve fé para compartilhar o amor de Jesus com mulheres exploradas, depois para liderar estudos bíblicos, depois para adotar uma filha do exterior, depois para proclamar Cristo em eventos da vizinhança, depois para trazer para casa três irmãos mais velhos a fim de ficarem com ela em caráter de lar temporário. Shannon não passou de zero a cem durante a noite. O Senhor a atraiu para o grande ciclo. Ela creu que ele é quem diz ser. Ela confiou nele e deu um passo. Um salto de fé levou a outro. Shannon agora dá testemunho da fidelidade do Senhor em incontáveis atos e aventuras nas quais ele a conduziu. A vida dela é uma luz, uma cidade sobre uma colina (Mt 5.13-16).

Qual é o próximo ato de fé para o qual Deus está chamando você? Em que área você pode crescer em sua fé e crer que Deus é quem ele diz ser? Todas nós somos chamadas a uma grande fé, mas os atos de fé variam. Talvez você precise exercer uma grande fé em seu lar, em seu escritório, em seu casamento, no bairro. Ou pode ser que você seja chamada a exercer uma grande fé do outro lado da cidade, do outro lado do mundo, para além da zona de conforto. Nossa vida e nosso chamado são únicos e diversificados. Mas todas nós somos chamadas.

O mundo nos diz para olharmos para dentro de nós a fim de encontrarmos nossa alegria, para confiarmos em nós mesmas a fim de termos felicidade, para realizarmos nosso próprio significado e sucesso. Mas esse ciclo se torna cada vez menor, se volta contra si mesmo e, em última análise, acaba por extinguir sua vida e a minha. Foi exatamente isso que me aterrissou no chão do meu dormitório. Mas Deus, em sua misericórdia e poder, levantou meus olhos de mim mesma para ele. Foi ao contemplá-lo, que veio a alegria.

Deus é tão gracioso para nos fazer crescer e nos transformar enquanto caminhamos com ele. A alegria duradoura vem dessa jornada, e ele está ansioso para fornecê-la a você e a mim. A vida em Cristo – a vida *real*, a perda desta vida para ganhar a dele – é o poderoso antídoto que está pronto para responder ao desencorajamento e à desilusão criados pela era do *eu*.

Que possamos recorrer ao nosso doador da vida para obtermos uma alegria duradoura. Que possamos abraçar disciplinas que nos enraízam, nos edificam e nos estabelecem na fé. Que a nossa fé, e, portanto, a nossa alegria possa crescer e expandir e irradiar nos dias e nos anos vindouros.

FIEL MINISTÉRIO

O Ministério Fiel visa apoiar a igreja de Deus de fala portuguesa, fornecendo conteúdo bíblico, como literatura, conferências, cursos teológicos e recursos digitais.

Por meio do ministério Apoie um Pastor (MAP), a Fiel auxilia na capacitação de pastores e líderes com recursos, treinamento e acompanhamento que possibilitam o aprofundamento teológico e o desenvolvimento ministerial prático.

Acesse e encontre em nosso site nossas ações ministeriais, centenas de recursos gratuitos como vídeos de pregações e conferências, e-books, audiolivros e artigos.

Visite nosso site

www.ministeriofiel.com.br